# 新时期高校校园文化建设的探索与实践

王　雁　张贝丽　著

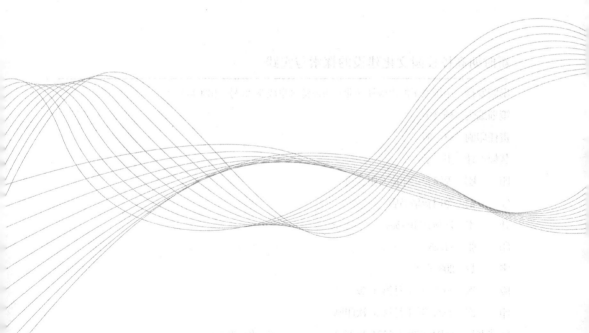

中国原子能出版社

**图书在版编目（CIP）数据**

新时期高校校园文化建设的探索与实践 / 王雁，张贝丽著 . -- 北京：中国原子能出版社，2021.9
ISBN 978-7-5221-1586-3

Ⅰ．①新… Ⅱ．①王… ②张… Ⅲ．①高等学校－校园文化－建设－研究－中国 Ⅳ．① G647

中国版本图书馆 CIP 数据核字（2021）第 189306 号

**新时期高校校园文化建设的探索与实践**

| | |
|---|---|
| **出版发行** | 中国原子能出版社（北京市海淀区阜成路 43 号　100048） |
| **策划编辑** | 杨晓宇 |
| **责任印刷** | 赵　明 |
| **装帧设计** | 王　斌 |
| **印　　刷** | 天津和萱印刷有限公司 |
| **经　　销** | 全国新华书店 |
| **开　　本** | 787mm×1092mm　　　1/16 |
| **印　　张** | 11.25 |
| **字　　数** | 208 千字 |
| **版　　次** | 2022 年 1 月第 1 版 |
| **印　　次** | 2022 年 1 月第 1 次印刷 |
| **标准书号** | ISBN 978-7-5221-1586-3　　　　　**定　价** 68.00 元 |

网　址：http//www.aep.com.cn　　　E-mail：atomep123@126.com
发行电话：010-68452845

# 前　言

我国社会主义文化建设中，高校校园文化建设是其不可或缺的重要组成部分。个性鲜明、积极健康的高校校园文化对于提高高校大学生的政治素养、综合素质的全面发展具有不可替代的作用。目前，高校的校园文化建设虽花样迭出，却存在着诸多问题。对此，如何加强高校校园文化建设的对策研究，从而激发学生的共鸣与激情，唤起青年一代高尚的、独立的人格追求和道德追求，则具有重要的现实意义。

全书共七章。第一章为绪论，主要阐述了高校校园文化的历史追溯、高校校园文化的概念与内涵、高校校园文化的主要载体分析、高校校园文化建设的重要作用及意义等；第二章为高校校园文化建设的现状分析，主要阐述了高校校园文化建设的现状、高校校园文化建设的趋势、高校校园文化建设的机遇与挑战等；第三章为高校校园文化建设的理论建构，主要阐述了高校校园文化的理论定位、高校校园文化的构成因素、高校校园文化的实践功能、高校校园文化的深刻影响等；第四章为新时期高校校园精神文化建设，主要阐述了高校校园精神文化的内涵与特征、高校校园精神文化的地位与价值、高校校园精神文化的要素分析以及高校校园精神文化建设的基本思路等；第五章为新时期高校校园物质文化建设，主要阐述了高校校园物质文化建设的概念与特征、高校校园物质文化建设的原则、高校校园物质文化建设的基本思路等；第六章为新时期高校校园制度文化建设，主要阐述了高校校园制度文化建设的涵义与特征、高校校园制度文化建设的管理分析、高校校园制度文化建设的基本思路等；第七章为高校校园文化与大学生职业规划，主要阐述了目前我国人力资源市场概况、高校校园文化与大学生就业、高校就业教育与校园文化的关系等。

为了确保研究内容的丰富性和多样性，在写作过程中参考了大量理论与研究文献，在此向涉及的专家、学者们表示衷心的感谢。

最后，限于作者水平有限，加之时间仓促，本书难免存在一些疏漏，在此，恳请同行专家和读者朋友批评指正！

作　者

2021 年 1 月

# 目　录

# 第一章　绪　论

高校校园文化作为一种客观存在，有其起源、变迁的历程。既然有起源、变迁的历程，就应该有相应的理论对其进行研究，即需要有研究高校校园文化起源、变迁的一般动因及规律的基本理论。本章分为高校校园文化的历史追溯、高校校园文化的概念与内涵、高校校园文化的主要载体分析、高校校园文化建设的重要作用及意义四部分，其主要内容包括高校校园文化的内涵、高校校园文化的特点、高校校园文化建设的理论基础、高校校园文化载体的内涵等方面。

## 第一节　高校校园文化的历史追溯

校园文化的存在由来已久，它随着高校的创建而产生。而校园文化这一概念则是从新中国成立以后才开始逐渐清晰起来。关于校园文化的研究著述较多，根据时代发展特征，可大致将高校校园文化的发展归纳为以下几个阶段。

### 一、高校校园文化的初创阶段

1949—1966 年是社会主义过渡时期和社会主义建设初期，虽然中华人民共和国成立了，但是真正清楚何为社会主义的人民大众还是少数，为了使社会主义文化深入人心，需要对学生进行思想领域的教育和引导。

这一阶段的高校校园文化积极向上，简单、纯粹，师生与祖国同呼吸共命运，为了祖国的共产主义事业甘愿献出自己的青春和知识，以祖国的需要为需要，成为当时很多人的座右铭。

在国际经验借鉴上，校园建设方面以前苏联为鉴。这一阶段大学生成为社会主义建设的人才储备力量，究其缘由是高校校园文化在此阶段产生了深远的影响。当时的高校上至学校管理层，下到后勤人员，都是一鼓作气为建设社会主义事业牺牲自我，奉献国家。这个阶段的校园文化催人奋进、净化心灵。

## 二、高校校园文化的曲折发展阶段

"文化大革命"时期，高校校园文化也因此受到消极影响。由于"五七指示"和要求学生"学工、学农、学军"等的号召，学生的脑海里充斥着逐渐升级的敌我矛盾斗争的意识，无心读书学习。甚至很多学校因此停课，"读书无用"的偏激思想猛烈地冲击着大学生的读书观。随后，知识青年插队到各个贫困地区，接受所谓的"再教育"。更为严重的是教师的地位急剧下降，被迫离开学术岗位，甚至被关进牛棚去劳动改造，到后期高校几乎停止招生，校园文化因失去生存和发展的土壤而被扼杀。

## 三、高校校园文化的恢复发展阶段

1977—1986 年，国家恢复了高考制度，大量的学生从四面八方汇入高校。这些学生年龄层次跨度较大，有很多是接受了基层实践的锻炼后又返校的，因此，他们对高校校园文化生活无限向往，激发了他们建设校园文化的热情。加之改革开放初期，活跃开放的社会环境也为高校学子们创作校园文化提供了广阔的平台。一时间，高校校园内兴起了各种活动，如学习竞赛、文体活动等。举办这些活动的学生社团、协会以及学生会等学生组织如雨后春笋般涌现，全国各地高校的学生社团活动生机勃勃。

在高校学生社团活动火热过程中，高校大学生发挥了他们在校园文化建设的先锋作用。20 世纪 90 年代，在第十二次学代会上，"校园文化"被首次明确提出；同年，华东师大对校园文化进行定义性的规范，并将之积极地付诸实践之中，开创了高校校园文化建设的新纪元。这一阶段的高校校园文化建设开始进入科学化、系统化、学术化，逐渐从表面深入，发掘校园文化的内核。

## 四、高校校园文化的蓬勃发展阶段

1986—1999 年，"校园文化"被正式提出后，引起了各高校的共鸣和媒体的注意。高校学生作为高校校园文化建设的主体之一，也在不断加深对高校校园文化的认识，他们将更多的注意力投入到现实中，从我国的国情出发，聚焦中华民族优秀的传统文化，将其融入高校校园文化建设之中。人们对高校校园文化的认识不再仅仅局限于校园文化的外在层面上。尤其是在 1989 年之后，高校校园文化建设引起了国家和高校的冷静反思。此时公众已经深刻地认识到校园文化的重要作用以及开展校园文化的紧迫性，深知通过校园文化这一手段可以对高校学生加强德育和思想政治教育，可以提升大学生的综合素养，可以为国家培养高能力的综合型人才。

随着我国改革开放的日益扩大，社会文化环境更加活跃，对外交流愈发频繁，身处其中的高校校园同样受到这种气氛的感染，开放性成为高校校园文化的一大特点。这一时期的高校学生通过多种形式的校园文化实践活动，走出校园、走向社会，亲身体验改革开放后社会经济蓬勃发展的火热生活，提高自身的思想素质，锻炼他们实际解决社会生活问题的能力。

### 五、高校校园文化的深化发展阶段

21世纪初，随着经济迅猛发展，这就意味着文化软实力也要加快其发展速度。随着高等教育改革由探讨到实践，以及市场经济对高素质全方位人才需求的加大，中国进入全面转型时期。世界范围内的人才竞争更强调了科技技能和人文素养完美结合。实践决定认识，客观环境直接要求高校校园文化再发展，高校学生对等级考试、资格认证考试、考研等的热情逐渐高涨。随着教育大众化时代的到来，教育水平普遍提高，但这还不能够适应世界发展的潮流，终身学习越来越被人们重视并践行。

为了适应社会发展和竞争的需要，不断提高个人的科学、人文素养是这一阶段校园文化的集中体现。校园文化的多种功能对人才培养起到了推动作用，这就为我国人才资源储备奠定了良好的基础。同时，这一阶段的高校校园文化理论成果研究初步成型，在实践中也积累了一定的研究经验。国家以及教育部门出台了更多的政策支持高校校园文化建设，教育部从2006年开始，决定将优秀校园文化的建设成果公布于众，其目的就是在于表彰那些辛苦的校园文化建设者，并鼓励更多的人参与其中。

# 第二节 高校校园文化的概念与内涵

## 一、高校校园文化的相关概念

### （一）文化

文化与人类历史发展相伴相生，千百年来，不计其数的学者对文化概念进行了界定，但始终莫衷一是。中国古代，最早对"文化"这一概念进行解释的是《易经》，在《补亡诗·由仪》中指出"文化内辑，武功外悠"，这时的"文化"指的是文治教化，是与武治相对而言的。可见，中国所认为的"文化"一开始就专注于精神领域。沙莲香教授（1887）从社会学的视角出发，认为"文化是凝聚在一个民族的世世代代的人身上和全部财富中的生活方式的总体"。梁漱溟（1922）认为："文化是人类生活的样法。"他把文化进一步定义为三方面："第一是物质生活方面；第二是社会生活方面；第三是精神生活方面"。可见，在他的思想中，文化与生活、意欲密不可分，意欲决定生活样法，生活样法形成文化。石伟（2004）也从人类学的角度定义文化："文化是在实践过程中认识、掌握、改造客观世界及其保存、创造的物质和精神产品和社会制度的总和"。目前，较为权威的定义是我国出版的《辞海》中对文化的定义，它把文化分为广义和狭义。"广义的文化，指的是人类社会历史实践过程中所创造的物质财富和精神财富的总和；狭义的文化，指的是社会的意识形态，以及与此相适应的制度和组织机构"。

我国人类学家比较一致的看法是：文化就是人们的生活方式。从一般意义上说，文化是由一代代人传下来的对于存在、价值和行动的共识，可以表示为人们的态度和行为。可见，文化形成了社会与人们共同生活的基础。

在英语语境中，从词源来看，Culture 一词则来自拉丁文 Cultus 和 Culture，原为动词，有"耕种土地""居住""练习"等多重意思；而后经过演化，变成对人品德的教养、对人性情的陶冶、耕耘智慧的含义。19 世纪上半叶，文化开始作为特定的研究对象。1843 年，克莱姆在《普通文化史》一书中使用了"文化学"一词。1854 年，他又出版了《普通文化学》。此后，有一大批学者对文化学进行研究。1871 年，英国学者泰勒（E.Tylor）首次对文化进行定义，他认为"文化是一个复杂的整体，包括知识、艺术、法律、风俗、道德、信仰以及作为社会成员的人所拥有的一切习惯和能力"。这种定义是从人类学的视角出发，第一次将文化看作是"一个复杂的整体"和"文化是整个的生活方式"。在此之后，许多学者都提出了自己的观点。

时至今日，学界还没有得出一致的文化概念，企图给文化概念确定外延是徒劳的。但是，文化概念的发展具有两种不同的道路：一是静态的文化实体，二是动态的文化活动。泰勒是从静态看文化，而皮尔森（C.Peursen）是从动态看文化，认为"文化的一个方面是传统；另一个方面是人的活动"。1980 年，海尔什科维茨（Herskivits）提出"文化是民族的生活方式，一个社会是遵循一种特定生活方式的集合体"理论。1986 年，Samovar 和 Porter 提出"文化是通过个人和集体的共同努力而获得的知识、经验、角色、空间关系、信念、价值、态度的积淀"理论。1989 年，吉尔特·霍夫斯泰德（Geert Hofstede）把文化定义为"心灵的软件"。即"人就像电脑不能脱离软件、程序工作那样，不能脱离文化生活"。

综上所述，国外对文化的定义是从人类的物质生产活动出发，继而引申到精神领域，与"文明"更为贴切。之后对文化概念进行界定的学者，分别站在自身学科立场上对这一概念进行了界定，并尝试对文化概念进行一个普适性的界定，虽然这种努力的效果不佳，但是这给我们分析文化、解读文化提供了启示，普适性的文化概念是不存在的，文化概念往往是依附于研究主题或学科领域的。文化的概念主要包括：行为方式，历史的沉淀，社会组织，经济及政治制度关系，价值观念、伦理道德及标准，积累起来的学问和知识，思想感情、信仰的方式，人们的全部生活方式，个人从自己和其他群体获得的社会遗产等。因此，我们应从动态的、历史的、多元的视角来审视这一概念，尽可能去理解不同历史阶段、不同学科背景、不同视角所提出的不同的"文化"概念。

### （二）校园文化

关于校园文化概念的认知，有一部分学者认为校园文化就是社会活动，将校园文化视为课外活动，认为所有课堂教学以外的活动都是校园文化。这类观点具有一定的局限性，把校园文化的内容的范围缩小了。

另一部分学者认为校园文化就是对课堂教学的补充。这些学者们认为在学校的生活中根据学生的需要和学校的办学条件来进行补充，以提高学生的综合素质，使他们成为社会有用的人才。

上述相关研究有助于我们深入了解校园文化的内涵，但这些关于校园文化的概念界定都有一定的局限性，只是从一个侧面来描述校园文化的特征，存在着两点不足之处：一是把校园文化等同于娱乐文化或是精神文化；二是把校园文化的主体缩小化，把校园文化的主体默认为是学生，而忽略了教师、后勤人员等其他也对校园文化发挥了作用的因素。

校园文化必定具有两个特性：第一，校园文化是社会文化的一部分；第二，校园文化必定是在校园这个特殊的环境下形成的文化。这样，我们就不难给"校园文化"做个初步的概括和总结：它是在教书育人这个主体环境下，以师生为主体，以教育为导向，以学校支持和管理为辅助，以全面培养学生健康人格为目的，由全体校园人共同创造出来的所有物质和精神的总和及其创造的全过程。

校园文化的出发点是学校全体的全面发展，它是以特定的文化环境和文化活动为载体，在关注校园物质文明和精神文明的同时，偏重精神文明建设，在这样的条件下达到全体校园人的全面进步和发展。大学的主要目标是为社会培养合格的人才，思想政治教育的是学校教育的主要途径，最终的目标也是为社会输送人才，这就离不开校园文化的积极引导作用。

积极的校园文化要发挥其有效的思想政治教育效果和功能，也离不开和谐的校园文化对全体师生的指导和规范。这与高校的教育目标是一致的，并由高校的教育任务决定。高校的教育目标是培养社会主义事业的合格建设者和接班人，而高校校园文化就是引导师生将精神文化转化成自己的奋斗理念和前进的方向。在这种理念的鼓舞下，学生们会通过努力学习，不断朝着自己目标前进；广大教师不断完成自己教书育人的使命；后勤保障人员为以上活动的顺利实施提供各种保障和支持。

## （三）高校校园文化

中国高等教育肩负着培养社会主义建设者和接班人的重大历史使命，新时代对中国高校发展提出了新的要求。1932年，在美国"高校校园文化"作为专业术语出现并引起重视。"高校文化"直至20世纪80年代才在我国引起教育界的反响。1986年11月，上海交通大学举办"上海市高校校园文化专题研讨会"，就高校校园文化问题进行了全面探讨。1990年4月，全国性的校园文化研讨会在北京召开，这标志着"高校校园文化"在我国受到全面关注。在高校校园文化内涵的定义方面，国内学者仁者见仁，智者见智。有的学者认为"高校校园文化是在学校长期发展中逐步形成的，为全体成员认同、遵循并带有本校特色的价值观念、行为方式、学校风气、校园精神、道德规范、发展目标和思想意识等因素的综合。"还有学者认为大学文化是"学校的历史、使命、物质环境、标准、传统、价值观、办学实践、信仰、假说等诸多因素综合起来的且相互影响而形成的指导大学生个体或团体行为以及为认识理解校园内外一些事件、行为提供参考框架的一种模式。"

高校校园文化内涵可理解为是高校历史传统的积淀，是高校精神文化的核心。高校校园文化不是一朝一夕形成的，而是高校建校以来在高校历届师生的工作努力下，经过漫长的历史积累发酵而成的具有本校特色的独一无二的物质积累和精神文化的总和。

高校校园文化体现在高校教学、科研等活动的方方面面，起着重要的育人作用，主要体现在四个层面：①以大学精神为核心的精神层面；②以校园环境建筑为依托的物质层面；③以规章制度为体现的制度层面；④以师生行为为表现的行为层面。高校校园文化的四个层面是一个动态的系统，相辅相成，相互作用。其中，精神文化是校园文化的精髓，物质文化是高校校园文化的物质依托，制度文化是保障，行为文化是高校校园文化的体现。在这个动态关联的系统中，高校师生作为高校校园文化的主体，在高校客体物质环境中受到高校校园文化的感染熏陶并进一步践行高校校园文化。高校校园文化的主体包括高校的师生以及非教学人员的高校人员，高校校园文化的具体形式表现在全体成员的意识观念中，既有显性的文化形式也有隐性的文化形式。高校校园文化建设是高校教育教学工作的重要组成部分。推进高校校园文化建设的发展，形成优秀的高校校园文化有利于促进形成文化自觉，促进教育者不断反思自己的教育理念，从实践中出发，在高校校园文化的培育管理中提升文化蕴意；优秀的高校赋予高校成员归属感和成就感。高校为其成员提供积极向上的文化氛围，处处洋溢着高校的品位和蓬勃向上的朝气，让高校成员感到骄傲，使其内心积极向高校的文化靠拢，形成向心力和凝聚力，在优秀的文化氛围中教学相长，激励并进；优秀的高校校园文化有利于熏陶感染高校成员，促进高校成员的全面发展。优秀的高校文化有着春风化雨的感染作用，在优秀高校文化显性与隐性作用下，高校成员会不断在实践中突破自我。优秀的环境促进人的发展，促进师生在实践中不断进步。

### （四）高校校园文化建设

高校校园文化是随着高校的产生而出现，伴随着时代的前进而变化的。作为社会文化中的重要组成部分，对于高校校园文化的建设研究在时代快速发展的今天仍然具有重要的价值。

营造个性鲜明、积极向上的高校校园文化建设不仅可以提高高校大学生的综合素养，在潜移默化的文化环境中塑造大学生优雅的人格魅力，唤起他们对高尚道德的追求，更是对党中央提出文化强国指导精神的高度领会和认真落实，为中国梦的实现提供强大的文化力量。

作为社会文化中的重要组成部分，高校校园文化是一种综合性的多形态的文化现象。高校校园文化既是抽象的，又是具体的；它可以是显性的，也可以是隐性的。从高校校园文化的特点上说，具有时代性、创新性和多样性；从高校校园文化的形态内容上可以分为高校物质文化、高校精神文化和高校制度文化，这三者之间相互交融、互为渗透。

而高校校园文化建设则是一项长期的系统工程，它既包括高校校园内部的物质文化，如科研设施、工作生活场地、校园美化环境等；也包括高校精神文化，如高校的文化氛围、舆论导向、道德风尚、科技、艺术、体育文化活动及校园内部的师生关系，精神风貌等；还包含高校内的制度文化，如校规校训、班风学风、规章制度等。

因此，我们可以将高校校园文化建设的含义界定为：高校校园内部的文化方向、文化活动、文化载体、文化制度组织、文化管理队伍等的全方位、立体化、动态化的规划、建设。

## 二、高校校园文化的特点

对于高校中的师生群体而言，校园文化的发展变化是细微的、不明显的，但正是这种细微的变化却有影响和引导高校环境中的每一个人的巨大力量，使其呈现出独特的文化特点。校园文化具有自身特色，其直接反映学校的整体精神面貌。不同学校的校园文化具有许多共同的特点，主要表现如下。

### （一）传承性和创新性

1.校园文化具有传承性

校园文化一旦形成，便伴随学校的整个发展进程，不因时代、社会制度的变迁而改变或消失。

2.校园文化具有创新性

学校存在校园文化、社会文化、企业文化等多种文化的交流与渗透。校园文化建设中，学校师生不断地吸收、借鉴其他优秀文化的精髓，为校园文化注入新的内涵，创造出新的文化载体和表现形式。校园文化的创新性，要求学校必须不断提升办学理念，凝练校园精神，完善基础设施，深化教学改革，加强校风建设，健全各项规章制度和行为规范，强化内部管理，不断吸收其他优秀文化的精髓，创新校园文化的内容和形式，努力营造格调高雅、内涵丰富、形式多样的校园文化。

### （二）层次性和综合性

1.校园文化具有层次性

首先，文化有先进文化与落后文化、积极文化与消极文化、高雅文化与通俗文化之分，内容上包括物质文化、制度文化、行为文化和精神文化四个层次。其次，由于学校师生的思想状况、人生态度、智力水平、兴趣爱好、生活品位以及文化需求各不相同，校园文化只有区分为不同层次，才能使广大师生都能从中受到教育和启迪，不断地得到进步和提高。校园文化的层次性，要求在校园文化建设中，要兼顾不同师生群体的文化需求，积极构建多层次、多类型、系列化、大众化、规模化和精品化的独特校园文化氛围，努力打造适应面广、内涵丰富、雅俗共享的校园文化，为不同需求群体提供不同层次的文化服务。

2.校园文化具有综合性

首先，校园文化所反映的不是某个人或某个单独的事件或活动，而是学校全体师生的各种行为活动以及在各种活动中所创造的物质财富和精神财富的综合反映；其次，校园文化反映在学校教育、教学、科研、管理、服务及校园生活等各个方面及各个环节之中，并影响着各个方面及各个环节的效率和质量。校园文化的综合性，要求在校园文化建设过程中，学校各部门必须齐抓共管，统筹协调，群策群力，共同促进校园文化建设各个方面统一、协调发展。

### （三）共同性和独特性

在社会主义国家，各高校都具有一个共同的育人目的和职责，就是为社会培养人才。各种类型的教育有其共同的基本规律，如必须调动师生双方的积极性，必须适应学生身心发展的特点，必须遵循理论与实践相结合原则、因材施教原则、启发性原则等基本教学原则，这些都决定了不同学校的校园文化具有某些共同性的特点。

不同学校的发展历史、校纪校规、领导风格、培养目标、专业特点、教育实践及所在地区文化环境等具体情况各不相同，因此校园文化又具有独特性，这种独特性是校园文化不断发展的基础。实践工作中，充分把握校园文化的共同性和独特性，既有利于促进各种校园文化的相互渗透、相互融合、相互促进、共同发展，又有利于保持不同校园文化自身的特点和风格。

### （四）导向性和情感性

校园文化对师生的思想观念、道德品质、人生态度、行为规范、思维方式及生活方式等都具有一定的导向作用，能引导师生朝着一定的方向发展，提高师生文化素质和审美情趣，培养师生良好的道德修养和意志品质，具有导向性。

校园文化与学校师生的心理活动、情感态度紧密相连，能在一定程度上反映并影响到他们的情感态度、情感体验和情感表达，因而具有情感性。实践工作中，充分利用校园文化的导向性和情感性，能引导师生向着积极、健康的方向发展，安心地学习、愉快地工作、健康地生活。

### （五）渗透性和多样性

1.校园文化具有渗透性

首先，校园文化渗透在师生的思想观念和言行举止中，渗透在师生的学习、工作、生活和情感中，影响着师生的人生观、价值观和审美观，促使他们自我约束、规范言行。其次，在学校与社会、企业的接触中，校园文化与社会文化、企业文化相互交流、相互渗透，既影响学校师生的学习、工作和生活，推动校园文化不断创新，也会影响并促进社会文化和企业文化的创新和发展。

2. 校园文化具有多样性

首先，从内容上看，校园文化包括物质文化、制度文化、行为文化和精神文化四个方面，内涵丰富，形式多样；其次，从载体上看，校园文化通过各种管理制度、教学设施、仪器设备、校园环境、建筑、网络、图书馆、陈列室、宣传栏、社团组织及文体活动等载体得以体现。这些文化载体是校园文化形成、发展和体现的物质基础，文化载体的多样性，促进了校园文化多样性的形成。

## （六）开放性和互动性

校园文化与社会文化、企业文化等多种文化保持着积极的交流与融合学校师生时刻保持着学校与社会、企业的交流，网络技术的发展给师生带来了丰富的文化信息，不断丰富校园文化内涵，各个学校之间也存在教学、科研、管理、文化活动等方面的交流与合作，这些都使得校园文化具有开放性。

校园文化的互动性是指学校内部特征和外部环境时刻保持着互动与交流，促使校园文化和社会文化在保持和发扬各自已有的优秀文化内涵的基础上，不断创造新的文化内涵。实践工作中，充分认识校园文化的开放性和互动性，加强与社会、企业的联系与交流，取长补短，有利于促进校园文化、社会文化和企业文化的不断创新与共同发展。

## 三、高校校园文化活动的类型

高校校园文化活动作为校园文化的载体之一，它的演变与形成必然孕育在校园文化的发展之中。不同历史时期的校园文化都在探求多样的方式表达，其表现在活动这一载体上也呈现出不同的形式，多样类型，不断完善。高校校园文化活动相对于课堂活动而言，没有统一的实施标准和教育大纲，甚至不同高校表现出不同特色，但是就高校校园文化活动的总体目标来说，都是为了达到育人、化人，提升大学生能力的目标，表现出较强的思想性、实践性、知识性、科学性和趣味性。高校校园文化活动的多种内容通过不同形式表现出来，以活动的目的为标准，将校园文化活动分为思想道德类、学术科技类、文体艺术类、社会实践类。

### （一）思想道德类

这类活动以对师生开展思想政治教育为目的展开，通过讲座、座谈会、会议报告、征文活动、演讲比赛、评优等形式，结合国家节日、纪念日或者学校周年日等，对师生进行爱国主义、集体主义和社会主义教育，帮助师生树立正确的政治立场、理想信念、爱国情操、奉献精神和理性精神，使全校师生培养正确的世界观、人生观和价值观，对学生的思想道德予以熏陶。

### （二）学术科技类

这类活动以学习知识、推进科技创新、培养创新型人才为目的，通过学术座谈会、学术调研、学习竞赛专业科技知识普及、制作发明比赛等多种形式开展，学生在独立探求知识，发明创新科技的过程中，培养学生善于思考、敢于突破、理性踏实的思维模式，提高学生学术探究能力和科学实践能力。

### （三）文体艺术类

这类活动以培养学生人文素质、艺术修养、情操陶冶，促进身心健康为目的，从心理和生理两个方面加强。主要通过文艺晚会、学生社团、艺术作品比赛、运动会、户外俱乐部等形式开展，给学生打造一个施展才华、锻炼技艺、强身健体、陶冶身心的文化天地，使学生在文体艺术类活动中得到精神需求的满足，同时在活动的策划过程中潜移默化地加强了学生之间的团结协作能力，增强集体凝聚力。

### （四）社会实践类

这类活动以增强学生的综合能力、社会实践能力为目的，主要是通过志愿者活动、三下乡、支教扶贫、社会服务活动、勤工俭学等形式开展，学生在实践中走出校园，了解社会、感受社会、服务社会，将知识智慧、文艺修养充分展现，达到在实践中"受教育、长才干、做贡献"的教育目的。

# 第三节 高校校园文化的主要载体分析

## 一、高校校园文化载体的特点

### （一）稳定性与客观性

校园文化作为学校精神、传统、作风的综合体现，必然带有特定条件下的历史积淀，是在长期的教育实践中逐步形成的。从总体上看，具有稳定性和客观独立性，即不管你意识到与否，它总是会对学校的全面发展产生或正或负、或大或小的影响。

## （二）多元的系统性与明确的规范性

社会文化的显著特征之一就是多元性和系统性。显然，作为社会文化一部分的校园文化，除了具有鲜明的多元的系统结构外，还应具有更明确的规范性特征。校园文化必须有计划、有目的、有规范地按照与之相适应的系统要求，精心设计和安排，并通过特定的精神氛围和相应的物质环境，向学生灌输正确的思想，让学生确立正确的人生观、价值观，形成良好的心理素质与人格品质，养成良好的行为习惯。

## 二、高校校园文化载体建设存在的问题

### （一）校园物质文化载体建设存在的问题

1. 大学生主体性的迷失

大学校园物质文化的建设离不开大学校园的主体——"大学生"。大学生本身是高校校园文化的建设者，同时也是接受者。学生主体是教育学中的一个重要命题，它表明学生才是教育过程中的原动力和根本。但是目前，大学生主体性却出现了危机，具体可体现在三个方面。

首先，对于大学而言，以育人为本的大学理念并没有体现出来，也没有把学生的主体地位凸显出来。前耶鲁大学校长斯密特德曾说过："学生就是大学。"这也就是说要以学生为主体，以学生为中心。但是随着21世纪大学的竞争日趋激烈，高等教育迅速扩张，使得大学以学生为主体的理念只停留在表面，大学生切实的需求尤其是精神上的需要得不到满足，学校其实是为了满足社会本位而舍弃了学生本位，使得大学生的个性品质得不到应有的重视和发挥。

其次，大学生普遍存在主体性的游离。具体可表现在两个方面，一个是大学生的主体性，另一个则是大学生的文化主体意识。高校中的管理者、教师群体是校园文化建设的主力军，一定程度上发挥着主导作用，但是我们恰恰忽视了广大学生群体的主体性作用。因为大学生主体性的缺失使得大学生参与校园文化建设的没有了积极性和创造性，失去了应有的青春活力，所以所收获的对自身发展有帮助的文化少之又少。从本质上说，学生的文化需求是校园文化建设和发展的动力源泉，学生需要的可能性和现实性直接影响着校园文化建设的

发展走向。大学生进入大学学习已经有了一定的自我控制能力，可以在校园实践中正确地认识自我，同时也在实践中发挥着文化主体的作用，是校园文化的物质承担者，也正是应该发挥主体性的最佳时期。但是许多学生非但没有意识到自己的主体性，而且还在学校期间脱离学校物质，与学校成为"最熟悉的陌生人"。师生关系、学校与学生的关系等关系疏离现象造成了高校校园文化的失色。第二个方面是学生的文化主体意识淡薄。所谓的文化主体意识是指在文化比较视野中形成的以对本民族文化的地位、功能、价值的自觉意识为核心，同时兼顾对他者文化以及各种不断新生文化的文化意识。文化与道德有着紧密的联系，现阶段在深刻的校园文化问题的背后隐藏着大学生道德价值目标的紊乱。大学生群体被多元的价值观所影响，我们的传统文化也在他们的心中产生了波动和质疑，大学生文化主体意识的缺失也就愈发严重，大学生心中缺少了对文化基础的依赖，在很大程度上失去了对众多文化现象的合理判断，所以高校校园文化建设也就失去了一个重要的力量而举步维艰。

### 2. 校园物质文化千篇一律

现代大学因为经济社会的高速发展成了一个小型的社会，越来越多的高校开始重视大学"大楼"的建设。大楼是大学存在的主要物质力量，狭义的大楼是指校园的高大建筑群，广义的大楼却包括校内各种现代化建筑物在内的一切硬件教学设施，主要包括如图书馆、宿舍、教学大楼、运动场所等建筑物；大楼中的各种硬件装备和设施，如体育场所的运动设施、实验室里的各种仪器等。最后还有校园内全部建筑在内所体现出的一种大学文化底蕴，这是一种外延性的能够代表大学精神的象征，如肖东发笔下北京大学的燕南园足以见证北大悠久不衰的历史沉淀。伴随中世纪的"大学即探索普遍学问的场所"这一大学理念的产生，"场所"一词即刻引发了我们对大学时空的无限遐想。中世纪初，一个教师的基本工作物质是他的学校或者教室，教室多为教师所租用的简陋房间，而大学本身拥有自身的建筑要到 14 世纪末的巴黎大学。中世纪的大学建筑炫耀华丽，是"场所精神"的体现，彰显出了独特的大学性格与大学文化。而反观我国目前的大学校园，能够让人觉得有自己校园特色的大学屈指可数，就连被我们称道的国内最高学府北京大学、清华大学、南京大学等高校，虽然历史文化积淀深厚，但是也难免被各种现实的物质充斥着校园，仍然需要守护自身的防线。而我国其他大学除了一些重点高校和少数普通高校有一定的文化特色之外，其他新起的高校就变得黯然失色，所谓的"物质优美"也只能算是表面功夫。通过调查发现，现代大学的建设步履维艰，在建设的过程中没有找到大学建设的规律与应有的特点，没有思考大学存在的合理性究竟是什么，而是盲目地追求多、追求快，形成了粗放的建设模式，忽视了校园的具体情况与特色建设，结果不尽人意。大学在所共有的文化现象之外应该力求自身拥有鲜明的特点。遗憾的是大学之间似乎只能相互模仿，走上一条没有净化的老路。大楼代表着现代大学的硬件体系，是大学存在的重要物质力量，但是却出现了盲目追求大楼规模的浮夸风气，大楼似乎成了代表一个大学是否具备实力的标志，显然这是极为肤浅的。

近年来，许多高校实现了合并建设，各高校开始建设自己的分校，扩大办学规模。在经济发展较快的大城市有很多大学城的兴起等，这些现象都会伴随着一种校园空间建设上的不协调，因为后现代式的建筑物已经与之前老校区的建筑风格大相径庭，建筑物抑或是其他物质文化已经失去了文化符号的功能。

3.校园物质文化华而不实

首先，当前高校在校园文化建设中没有很好地渗透中华优秀传统文化，也没有很好的彰显出大学独有的精神风貌。并且有一部分大学生身处校园并没有感到和身处其他物质有什么不同，校园物质对大学生的影响正在弱化，学生的认同度越来越低，从大学生的身上体现不出一所大学应该培育出的精神风貌。大学的建筑在追求新奇、气派之外很少能够真正反映出一所学校的历史传统和发展脉络，缺少有价值的校园文化承载物，只有少数高校是在原有建筑物质的基础上进行改造维护，这就导致新的建筑物缺少了文化内涵与审美价值，校园物质文化表面上光鲜亮丽实则缺乏韵味。

其次，在大学校园物质文化建设中，忽视了体现各学校特点、历史渊源和发展趋势的大学精神的反映，一些娱乐化、赢利化的校园文化活动丰富着学生的业余生活，一味强调多样性而忽略了对大学精神实质的轻视，在校园物质文化的设计上缺少灵魂，没有明确的定位，缺少有利于人的发展物质的营造，大学的校园死气沉沉，没有了号召力，没有了浓厚的人文教育底蕴，更没有了校园的文化品位。

最后，有些大学在建设自己的校园文化时仅仅是依靠外在的推动力量，不管是外来的文化还是不加甄别的文化都采取吸收的态度，而且学校的相关领导也未能及时作出选择，已然习惯了用行政化的管理思维和办学理念去建设校园文化。建设现代大学既需要大师也需要大楼，这不仅是现代社会发展的需要，构建和谐校园的需要，也更是培育高素质人才的需要。

4.校园物质文化能量失衡

学校文化建设不是在真空中进行的，若不能恰当地把握学校内部物质的影响就很容易造成内部能量失衡。当前大学在校园物质文化的建设中矛盾重重，其中较为突出的一点就包括校园物质文化的快速建设与大学的内外职能以及大学内涵的不适应性。高校文化建设中，一方面是学校依据既有的路径对原有的校园文化进行建设，放慢了大学整个发展的脚步，大学往往流于形式被动地去投入人力、物力、财力，反而达不到对大学校园物质文化的内涵式开发，即发挥好传播知识、培养人才的内部职能；另一方面大学为了本身能够适应不断变化着的社会物质的需求，追随社会的变革，反而不能够适应新的挑战。更何况财政紧缺的大学得不到更多的资金支持，也就不能在校园文化建设方面做更多的投入，校园文化建设的投入则更加微乎其微。也就是说，大学在校园物质文化的建设中没有处理好变与不变的关系。虽然大学在寻求改变，但是却力不从心、缺少创新，没有对应有的中华民族传统文化以及校园本身的文化进行传承发展，没有帮助大学生真正意识到大学文化的力量以及对自身身心的影响，也更没有将社会主义核心价值理念与本地的民族文化物质融入校园、真正地发挥好服务社会的职能。而不变的恰恰是大学的精神，它是蕴含于学校发展中的最稳定、最持久的校园精神。无论高校校园文化如何建设，都应该围绕大学精神这一关键核心，它犹如一根红线贯穿于校园文化的全部内容中。没有大学精神的指导和支撑，校园文化尤其是校园物质文化就是浮夸的、散乱的、低层次的。但是，现在的高校校园文化建设恰恰忽略了大学精神的塑造，把大量精力都投入到了拼速度、拼规模、拼人才上，这就导致对大学内部生命力量支撑的大学精神投入甚微，校园物质文化是最能够明显反映出这种不平衡的问题。

5. 校园物质文化顾此失彼

在研究之前对当前校园物质文化的观察而去求证的假设之一是：当前高校在校园物质文化建设的过程中因对学生的育人效果不强对校园物质有一定的影响。根据调查结果，可以发现，目前无论是在哪个地区抑或哪种层次的高校，校园物质问题都是普遍存在的，高校物质文化在建设的过程中容易顾此失彼，在把焦点聚焦在对校园物质进行开发的时候，对校园的生态物质造成了一定的破坏。这种破坏主要反映在物态物质、自然物质、人文物质以及边缘区、盲区物质上，形成"破窗"现象。所谓的"破窗"是一种比喻，原指社区中出现的扰乱公共秩序、轻微犯罪等现象。它提示我们，如果一旦出现破窗，应立即修复，防止破坏蔓延，导致治安恶化。反映到高校的校园物质文化上来，也存在失序物质对大学生行为影响的"破窗"现象，物态空间和人文空间的占比最高，其次就是广泛存在的学校边缘区、盲区破窗现象。

首先，在物态物质上，与大学生接触最多的教学空间广泛存在"破窗"现象，低俗文化蔓延。比如，教室墙壁乱涂乱画、课桌也成为同学们展示"书画栏"以及垃圾安放的地方，还有教室以及室内公厕的小广告随意散发，等等。这些"课桌文化""走廊文化""厕所文化"反映出大学生不良的思想情绪；在图书馆空间主要存在图书的无序摆放、读书空间霸道占位以及零食随意带入等扰乱学习物质的破窗现象；食宿空间主要存在随意晾晒衣物、垃圾横行、毁坏公共用品、不能自觉地回收餐盘等。

其次，在自然物质上，大学给同学们营造了一个良好的绿色生态物质，包括山形水系、草坪植被，但是目前在山形水系中随处可见乱刻乱画、污染水源之乱象；在草坪植被中随意践踏、随意采摘的现象更是不胜枚举。

再次，在人文物质上，高校的宣传空间被各种广告占据，名人雕塑也受到了不该有的"毁容"；有的高校还修建了主题纪念场所，但是却成了大学生运动休闲的场所。

最后，尤为重要而且往往被忽视的学校边缘区、盲区的物质更是狼狈不堪。很多高校的所谓羊肠小道或鲜有人经过的角落却成了垃圾场，生活垃圾长时间堆放，污水随意排放，残枝烂叶无人问津，等等。这些不文明的现象严重影响了高校校园物质文化的建设，大学生的生态道德素质以及自身行为无时无刻不影响着校园物质。大学在进行文化建设的过程中除了自身管理因素欠佳之外，更是忽略了大学生的良好道德行为的培育，顾此失彼，既体现在校园文化建设方面舍本逐末，也体现在严重缺乏对大学生行为习惯、道德素质的锤炼。

### 6. 校园物质文化建设思路不协调

高校校园文化不是一个单一的个体，而是由几个相互联系的部分构成的整体。大学校园物质文化只是其中的一个重要部分，除了校园物质文化也就是物质文化之外，还有校园精神文化、校园行为文化以及校园制度文化。它们共同形成了一个同心圆结构，其中精神文化是核心，物质文化是基础。尽管多数学者认为目前各大高校将重点都放在对校园物质文化的建设上，从而对校园的精神文化、制度文化、行为文化建设关注较少的现象的确存在，但是校园物质文化并没有达到其应有的建设效果。作为校园文化的基础，校园物质文化的建设的作用仍然不可小觑。

### 7. 校园物质文化建设的功利性与行政化

当前我国高校的大规模扩招政策使得各高校开始纷纷大规模地兴办校区或者对旧校区进行改造，但是修建大楼的目的并不是仅仅给大学生创造一个优良的校园物质文化，也不是仅仅要提升学校的硬件设施，而是很多高校想通过这些高速修筑的景观、大楼吸引学生，扩大自己的生源，或者盲目攀比，与其他高校展开竞争，这使高校校园文化建设带有了一定的功利性。其次，高校社会本位的教育价值观占了主导，把教育为社会服务、为经济服务的功能放在了第一位，市场经济体制使高校校园文化建设走出了"象牙塔"，盲目地建设校园物质文化仅仅是为了提升自己的知名度、增加就业而不是为了学生自身发展的需要。

另外，高校学生也带有了功利主义的色彩，价值取向、价值目标以及价值的实现都带有功利性。不少大学生只注重个人价值的实现，做事求学只为今后的工作和地位。同时，大学生们也忽视自己社会价值的展现，缺少奉献精神，只讲求个人的需要与满足。在价值的实现上甚至出现了破坏正常的自然和社会物质去达到自己自私的目的。所以，不管是大学本身还是大学生自己，都不约而同地走向了形式主义的深渊，根本没有从大学本应有的价值出发，去建设校园物质文化，校园物质文化必然带有了形式大于内容的特点，这就导致大学失去了其应有的品格。

大学的行政化也是一直以来大学要解决的困境。在我国，大学总体上是一种以行政为主导的组织。目前来看，大学的行政化涉及大学的性质和功能等问题。首先是学术权力与行政权力的关系。我国高校的行政权力占主导地位，大众化阶段，大学甚至成了政府缓解生产力的场所，政府成了高等教育的主要决策者，从学位授予到课程设置大都由政府主管部门决定，这就导致大学创新精神的磨灭和学术动机的不端。其次，政府的教育行政机构与高校内部的行政体系连接起来，贯彻执行政府下达的命令，高校经费来源主要依靠政府的财政拨款。这就导致财政拨款的份额不均，政府只是重点扶持我国的重点高校而对普通高校支持甚微，反映到校园文化中就是不同类型高校的校园文化建设的水平和效果相差很大。大学存在状况的好坏和运行效果的好坏与大学高度的行政化密切相关。如果政府不适当放权，那么大学就不能成为自由开放的教育场所，学校也就不能形成真正自由的良好风气，教师也就不能够在这样的不受体制束缚的物质中心无旁骛地搞科学研究和发挥育人功能，高校也就不能自主发展，建设自己的独树一帜的校园文化，创造有自己特色的大学。

8. 大学生生态道德行为失范的根源模糊

在大学校园，大学生的生态道德行为存在广泛的失范现象，校园物质虽然是大学生学习生活的优良家园，但是却在大学生的心中失去了归属感和应有的尊重。究其原因，除了道德层面所秉持的核心价值观念没有发挥效用之外，仍有许多深层原因没有被认识。

首先，在一些校园文化现象出现问题的过程中，大学生往往找不到解决问题的有效办法，这正是因为校园文化没有做到对大学生的行为做出一种合理的解释。文化是道德的基础，大学生行为的失范一定程度上则归因于校园文化的基础不够稳健以及众多不良文化的肆意蔓延。

其次，大学生普遍存在道德认知目标、情感目标以及行为目标的不着边际。"什么都是合理的""谁对谁错难分辨"等认知模糊，道德本身的崇高逐渐走向没落，大学生的行为逐渐走向了对个人利益的考量。

最后，大学生之所以控制不住自己的行为，出现似是而非的立场，缺少对周围物质的关心的根源在于对生命的无视。亚里士多德坚持主张万事万物都有灵魂的存在，灵魂是身体的形式，灵魂不能离开肉体而存在，灵魂借助于感觉器官而感知外界事物。他著名的灵魂三段论把灵魂分为三等：植物有生长的灵魂，是普遍享有的，植物性的；动物有感性的灵魂；人除了前两种之外则有理性的灵魂。

由此可见，灵魂是人的本质，灵魂对于一个人的德性起着承载的作用。那么回到我们的学校对学生的品德教育上面来看，学校是否在德育的一开始将学生为什么要育德的原因告诉了学生呢？答案是否定的。当今学校的德育重在向学生灌输一些行为准则、行为规范，要求学生去遵守这些行为准则。但是，学校德育的出发点并没有将为什么要这么做、为什么要遵守这些道德规范传输给学生，这就造成一些道德观念在学生的自我成长当中无法形成。亚里士多德告诉我们，有灵魂的就是有生命的，灵魂与生命是人最重要的东西。那么在我们的德育当中，德育观念是如何形成的，道德观念产生的可能性就应该被考虑在内。因此，灵魂与生命其实是人们道德产生的源头似的东西应该被传输到学生的心目当中。学生在接受教育的过程当中，对生命、对人的尊重的道德观念很难形成，这就需要学校以及教师将"德育为何"告诉学生，从而不断地使学生产生对生命敬畏的观念，使他们不仅要尊重自己的生命，同时也要尊重他人的生命，更要重视区别于人的动植物的即万事万物的生命。最终的目的就是使得他们能够自愿地做出有品德有素质的事情，这也正是从入学到毕业、从小学到大学等阶段品德教育的根源所在。

英国著名人类学家爱德华·泰勒也阐明了灵魂观的产生，认为宗教产生于灵魂，是全部宗教的基础，认为动物、植物或者无机物都认为是有意志的存在，即万物有灵。泛灵论者认为"一棵树和一块石头都跟人类一样，具有同样的价值和权利"，即也同时主张一切物体都具有生命。大学生的生态道德行为屡遭诟病最关键的就在于道德教育没有抓住本质，不言之教变为了强行灌输，失去了对万物生命的最本源的追溯与思考。

### （二）校园精神文化载体建设存在的问题

1. 存在的问题

（1）对校园精神文化建设认识片面

有的学校对校园文化的内涵和要求认识不够，没有进行有意识的主动建构；有的学校热衷于打造表面的环境文化，营建"形象工程"，没有形成深层次的核心价值文化，学校的人文厚度并没有随着校园的日渐漂亮而有所增长；有的学校只重视物质硬件、管理制度、文体活动等"显"性文化建设，忽视教师的精神风貌、思想信念和学生的学习兴趣、健康个性、健全人格等"隐"性文化的构建；有的学校没有将校园文化建设与师生的需求结合起来，人本意识不强；文化是品牌创建的基础和灵魂，个别学校却把校园文化的创建和学校品牌的创建割裂开来，如此种种都是对校园精神文化建设认识不足的体现。

（2）学校理念系统松散且概念不清

许多学校虽制定了一训三风，但不完整且不成熟。一方面表现为系统松散，即整个理念系统没有核心理念的主导，缺乏理念系统的向心力和凝聚力，学校的精神文化不能突出学校的核心价值观和办学理念；另一方面表现理念系统的概念认识不清，办学理念、一训三风等各个概念所应对应的内容张冠李戴。

（3）对教风、学风、校风文化缺乏重视

当前，许多大学的精神文化环境较差，无法在培养学生积极精神状态方面发挥作用，导致许多学生不知道自己学校的校训是什么，更不用说用精神去引领师生行为。积极向上的教风、学风、校风会为学校营造一个和谐的学习工作环境。很多学校这方面的建设存在着各种各样的问题。部分高校搞形式主义，只提出校训，却未真正发挥校训的激励作用；有些大学为了评估、招生扩招，而忽视校园精神文化建设，忽视提高教学水平；还有一些大学生不求上进，得过且过，在学习上对自己要求低，不注重自身能力的提升，导致学风很差。

（4）精神文化活动开展不足

目前，大学里的文化活动逐渐丰富，只是这些活动大多凌乱无序，活动形式相对单一，没有对学生产生实质性的影响。无论是院级还是系级活动，参与度较高的都是组织者，参与者的主动性未得到充分发挥。一些学生对校园文化活动持积极的态度，对各种活动有兴趣爱好，并愿意积极参与其中；但部分学生只关注自己喜欢的活动，却并不参与，多是因为不够自信或性格腼腆而没有参与；还有些学生既不关注也不参与这些活动。事实上，很多学生还是无法自愿积极地参加各种形式的活动。

（5）网络文化建设发展滞后

所有的新事物都具有两面性，网络空间也是如此。网络作为一种传播媒介，为师生搜集和传播信息提供了便捷的途径，为学生提供了优质的学习资源。同时，网络空间对大家的学习生活也产生了许多消极影响。比如，一些大学生沉迷于网络虚幻世界，逃避现实，与人交往沟通能力下降，耽误学业，形成漫无目的的生活状态；网络上的有害信息冲击着学生的认知观念，严重的则会歪曲大家的思想认识。此外，一些大学缺乏对网络文化的优化与管理，使师生无法有效使用校园内网资源，多数学生只能使用自己所了解的方式和渠道。一些高校校园网络内的资源未能及时更新，缺乏最新的时政信息和学术作品，导致师生无法收集和查找最新的信息，无法及时有效地了解国内外各种资源信息。

2.问题的成因

虽说校园的精神文化氛围相对优雅，但随着社会发展和文化的多元性存在，校园精神文化建设逐渐无法抵挡外在因素和内在因素带来的消极影响，难以避免地出现一些问题。其原因也多种多样，具体有以下几方面。

（1）社会环境的影响

社会环境所指范围较大，这里所说的主要是经济环境、文化环境及学校周围环境。文化与社会的发展具有不一致性，先进的文化能够推动和引领社会的发展，落后的文化是社会发展过程中的阻碍。大学生还未形成稳定完整的思想体系，在多元化文化冲击下，很容易形成投机意识、享乐意识，致使思想觉悟不高，缺乏坚持不懈的精神，并造成不良校园风气的滋生。

此外，社会中浮躁、追求利益最大化的不良时代特征，使本来思想容易动摇的大学生无法静下心来去认真踏实地学习、充实自己，对不切实际的事情抱有幻想和侥幸心理，甚至走向违法犯罪的边缘，冲击了校园精神文化建设。

（2）校园周边环境的影响

大学生在校园中学习、生活，不仅受到校园精神文 化的熏陶，也会受到校园周边环境的影响。校园周围是学生平时活动的场所，良好的校园周边环境对学生个人品质的形成是一股推动力量；反之是校园精神文化发展的极大障碍，甚至会腐化大学生的思想与行为。比如大学旁边的 KTV、音乐厅、酒吧等，经常有大量学生出入，也常是黄、赌、毒的滋生地；一些学生沉迷其中无法自拔，荒废学业，以致耽误终生。

（3）大学生自身特点的影响

当代大学生大多思维开阔，适应能力强，有创新意识，由于成长环境和自身经历不同，每个学生的个性差异很是明显：有一些学生缺乏耐心和毅力，心理承受能力较差；还有部分学生自我优越感和成就感强，等等，存在着很多共性问题。由于年龄的原因，大学生还未形成稳定的三观和完整的思维系统，对很多事情判断不准确，社会责任感差，团队协作能力差等。西方文化注重理性规范，而中国文化孕育出的是以地缘文化、人情关系为纽带的价值形态。西方发达国家对我国的文化冲击也会在无形中影响大学生思想观念的形成。一些大学生思想体系不完善，易被不良言论洗脑，不理解国家的政策制度，形成偏激的思想。这在某种程度上阻碍了校园精神文化建设。

### （三）校园制度文化载体建设存在的问题

#### 1. 校园文化的制度育人问题

高校校园文化的制度育人过程是育人主体和育人客体在一定目的指导下，借助于一定的方式和手段互动的过程。制度育人主体、客体、介体、环体是高校校园文化制度育人过程中的基本要素。寻找各要素在育人过程中存在的问题，是充分发挥制度育人功能的重要环节之一。

（1）高校校园文化的制度育人中存在的主体问题

在高校校园文化的制度育人过程中，育人主体和育人客体既是制度的制定者又是制度的执行者。主体间性理论认为，管理者、教师、学生既是育人主体也是育人客体。

无论是在制度的制定还是执行过程中，都要发挥育人主体的能动性，使他们积极参与到制度育人过程中。

①制度育人主体在制度制定中的问题。校园文化的制度育人是一项专业性和实践性很强的工作，制度能否被全体师生员工所认可，发挥育人功能，需要准确了解学校校园文化工作动态和参与主体的思想动态，制定出符合校园文化建设和人才发展的育人制度。但在目前的校园文化制度制定中，无论是国家层面的还是学校制定的制度往往是自上而下，忽视了教职员工的参与。在具体的制度建设中，制度的决策权往往是高校领导的参与，学生、教师参与很少，这样收集的信息不能反映大多数参与主体的意愿，导致制度制定的不全面，很大程度上是领导们的管理理念，不能被大多数师生员工所认同，其实施自然会受到阻碍。

②制度育人主体在制度执行中的问题。对制度的执行是发挥其育人功能的核心环节。大多数校园文化的制度在执行中忽视了制度的过程育人。高校校园文化的制度的执行者包括各级政府、教育行政机构及其工作人员、学校、教师

和学生，这些制度规范下的群体，由于各自利益、观念等方面因素的影响，也可能导致高校校园文化的制度失真。

育人主体之间的利益矛盾与冲突造成制度育人的失真。高校校园文化的制度执行中涉及多个主体的利益关系，如果安排不当，会影响到制度的实施。当教育行政部门、社会、家长、学生等以分数来评判学校优劣，并影响学校可能获得生存与发展资源的时候，学校就会将分数放在首位，把校园文化制度置于次要位置。对教师来讲，当决定他们工资、职务、声誉好坏的标准是学生成绩时，教师就会把主要精力放在教学上，校园文化工作仅是教学服务的工具。对学生而言，社会、学校以成绩、就业为评价标准，忽略其他素质培养，校园文化也许成为影响他们学习成绩的重要因素。上述现象正是在当前教育体制中，各教育主体为自身利益的获得而忽视国家层级的制度，并造成校园文化制度在实施过程中失真的重要原因。

育人主体的行为动力不足，造成制度育人的失真。制度经济学的产权理论认为，制度养成学生的道德品质具有无形"公共产品"的特征，由此决定高校校园文化的"公共产品"的特性——公益性。对学生的品德培养需要教师付出长期而艰辛地努力，即便是在教师的努力下学生养成了良好的道德品质，受益主体还有很多，很难建立相应的激励和约束机制，严重影响着高校校园文化制度的实施。

育人主体的认识误差造成制度育人的失真。在校园文化制度的执行过程中，执行者由于认识误差，会对高校校园文化制度的目标、意义、内容、要求等方面产生误解。一方面，校园文化执行者认为，制度是决策部门制定的，其文本形态仅是制度的约束工具，对自身的成长成才没有任何关系，因而缺乏主动性，有的甚至产生抵触心理。另一方面，是校园文化执行者对制度理解的不深入。其往往认为高校校园文化的制度是约束自身行为的夹板，是为艺术生量身定做的外装，大多数学生缺乏自信，望而生畏。

育人主体的执行脱轨化。制度是强制性规范，任何个人不能无视其权威。以往制度的缺陷和习惯形成的随意行为，使执行者容易对违背制度的事件做出随意行为，造成制度执行中各种矛盾突出，损害了校园文化制度的权威性。另外，从校园文化制度执行主体的主观因素看，学校各组织和教育者从自身利益出发，可能放弃对校园文化制度育人的价值追求，或者对制度的育人功能产生疑虑。校长负责制的大学管理模式对校园文化制度执行有一定的影响，文化活动组织者此时注重的是校园文化活动外在的色彩斑斓，忽视了制度执行中的育人理念，往往是"昙花一现"，育人的长效机制常被忽略。学雷锋活动各校办，各院办，各班办。各部门在执行上级文件时，仅把它当成任务完成，追求排场，大肆炫耀，最后以几百字的活动总结告终，是否真正地达到育人目标不得而知。

（2）高校校园文化的制度育人中存在的介体问题

高校校园文化的制度育人介体包括育人目的、内容、方法等。制度育人目标是通过对高校校园文化制度的制定和实施，使育人主体在思想和行为上取得理想的育人结果。

制度育人内容是进行高校校园文化活动的依据。制度育人方法是取得良好制度育人效果的保证和条件，要把制度内容有效地传授给育人主体，必须要有适当的育人方法。制度资源本身的育人价值是发挥其育人功能的前提，但现代高校校园文化的制度在目标、内容和方法上还不能诠释育人理念的内涵。

①制度育人目标的问题。目标是大学制度制定和实施的出发点，也是评价高校校园文化制度的依据，如果目标不合理，则容易造成高校校园文化的制度失真。其一，目标过高，企图以高校校园文化制度来解决一切校园文化实践中的问题。实际上高校校园文化育人制度的规定能力和指导范围是有限的，它只是大学制度的一个方面，只是大学人在校园的日常生活中经常体现出来的文化现象，对校园人的行为做出引导和规范，而不能覆盖到所有的校园文化活动范围。其二，目标笼统。高校校园文化的育人制度没有形成系统的规范体系，目前比较成熟的文件对高校校园文化建设的总体要求和主要任务做了说明，没有具体的目标要求，只是强调为建设社会主义合格的建设者和可靠地接班人创造良好的文化环境。正由于目标过于笼统，在实际的高校校园文化建设中，工作者因难于操作而放弃应有的责任。

②制度育人内容的问题。高校校园文化的制度是调整高校校园文化中人与人、人与文化之间关系或规约文化主体行动的强制性规则体系。文化制度规范文化活动，使其规范化、有序化，提高文化制度育人的有效性。倘若高校校园文化的制度内容本身存在问题，则会导致育人功能减弱。

我国高校校园文化育人制度的内容主要存在以下矛盾现象：其一，目标的层序不明晰。在一些高校校园文化的制度文本中，存在着高校校园文化总目标与具体目标在内容上层序不明的问题。高校在制定育人目标时没有区分开总目标和具体目标，高校校园文化的制度就很难在实践活动中得到执行，也难以实现高校校园文化总目标。由于高校校园文化的分类存在很大差异，在校园文化制度文本中，对它们各自的特点、关系、教育原则、方法和途径等都没有明确区分。其二，高校校园文化的制度所要规范的主体不甚明确。制度是一种规范性很强的规则或规则体系，制度要能得到有效地施行，至少要在制度文本中明确制度的主体与客体及其职责。我国高校校园文化的制度文本中，存在着制度所要规范的主体不明确的问题，没有明确的规定学校、教师、学生、组织的权利与义务，致使在实际的高校校园文化活动中，学校或教师对校园文化的内容有很大的随意性和无序性，使人们难以把握校园文化工作的真正内涵，工作的方向不明确直接造成校园文化工作无所适从和无序状态，致使高校校园文化的制度所预期的目标难以实现。

③制度育人方法的问题。制度育人方法承载着制度育人的内容，实现教育目标的使命，是教育主体采用的思想方法和工作方法。毛泽东曾说过，如果我们的任务是过河，没有桥和船就不能过。不解决方法问题，任务也只是瞎说一顿。制度育人方法是制度对育人主体实施教育影响的基本手段，对于达成制度育人目标具有重要意义。但实际的制度育人方法仍存在许多问题。如育人方法单一。受传统教育方法的影响，管理者或教师对制度的讲解、宣传不够重视，单一灌输制度规范和强制性约束，不能吸引学生自觉地认识和领悟制度育人的内涵，直接影响育人效果。高校校园文化的制度育人是一门教育艺术，只有讲究方法艺术才能发挥育人功效。育人主体在接受制度的时候往往以强制性的执行为手段，在制度的制定中，语言表述多以命令的口吻，让育人主体产生逆反心理，不能充分理解制度与自身发展的关系，心理产生的消极导向直接影响育人效果。

（3）高校校园文化的制度育人中存在的环境问题

制度的制定和实施是在一定的环境下进行的。环境对制度育人有重要的意义。但当前大学制度还处于进一步完善和发展阶段，整个制度育人的宏观框架还不成熟，从国家到学校还没有形成系统性的规范文件，缺乏系统的指导性和可操作性。

高校校园文化制度的配套制度不健全问题主要表现在：首先，有建构起协调配套的高校校园文化制度。任何一项具体制度都是整个制度体系的一个子系统，只有当制度间相互配套、协调一致时，才能取得良好的整体规范效应。高校校园文化制度的实施涉及校园文化建设所需要的人、财、物、事、时间和信息等要素，为此，也就要求学校制度予以规范与支持，才有可能较为顺利地开展高校校园文化工作。然而，我国高校校园文化的制度往往以单一制度形式出现，不是以高校校园文化的制度体系出现，缺乏一定的配套制度和措施。其次，当前我国学校教育主要以教学为中心，其他各种学校教育活动和管理工作都围绕教学进行。高校校园文化的制度和其他方面的学校制度多是依各自"美好"的预期目标而设计的，往往存在着"困境"现象，即虽然单一的高校校园文化育人制度设计正确，但在实施过程中却往往与其他方面的学校制度发生矛盾冲突，从而严重地削弱了制度育人的实效。再次，高校校园文化的制度缺乏切实合理的评价制度和督导机制。制度的强制性需要有效地监督和评估，高校校园文化育人制度的有效实施需要合理的教育评价制度予以支持。但是，当前我国高校校园文化建设缺少切实、合理的评价制度体系。评价制度之所以缺失，是因为高校校园文化是一种复杂而系统性的育人工作，不仅是学校教育的重要组成，而且涉及社会、家庭等各个方面，倘若以一定的评价制度体系来支持制度的落实，就必须充分发掘与运用学校、社会和家庭等各方面的资源。我们总期望教育者和受教育者能发挥主体性，自觉地贯彻实施校园文化制度，但当学校教育以"应试"为导向时，又怎能使教育者尽力实施高校校园文化制度？高校校园文化制度是通过规范手段促进校园文化活动的有效开展，但作为系统性的校园文化制度，必须要有督导评估机制给予支持。

虽然国家对高校校园文化的制度实施有督导评估的要求，但各级教育行政部门并没有具体落实。有的缺乏督导评估的常规制度和计划，有的缺乏督导评估的公认标准，有的没有有效的奖惩机制，有的在督导评估后发现问题却不能及时解决，从而影响了高校校园文化制度的有效实施。因此，缺失合理而有效的评价制度和督导机制，是造成高校校园文化制度育人实效性低的一个重要原因。

2. 高校校园文化熏陶较弱

一些学校在加强校园文化建设，特别是在抓精神文化建设时，片面地强化制度管理，注重制度约束，而不注重营造文化氛围去诱导学生，没有把制度管理提高到文化层面来建设，导致管理工作只能是管得了当面，管不了背后，学生没有真正从思想上解决问题。

3. 高校制度建设及内部行为准则有待进一步规范

目前，加快建设一流大学和一流学科已经成为我国高校发展的战略任务。近年来，内蒙古高校发展较快，但整体水平还不高。首先，缺乏明确的价值导向。我国坚持社会主义核心价值体系，但其在高校制度文化建设中并没有得到深刻体现，而在世界知名大学，如哈佛大学的"追求真理"、斯坦福大学的"让自由之风劲吹"，都是其办学理念的精神体现。其次，高校的制度建设缺乏活力，未能协调好教师、学生等相关方的权益，导致校园内缺乏浓郁的学术环境和氛围。最后，高校的内部行为准则落实不到位，有的高校只是向师生简单传达国家的行为准则，重视不够；有的高校所制定的行为准则针对性不强，缺乏监督机制，这些均使得高校行为文化建设缺乏健全的制度保障。

## （四）校园行为文化载体建设存在的问题

### 1. 高校环境建设与行为文化建设缺乏内在连贯性

心理学和环境科学等研究表明，人的心理动态和行为方式会受到环境的暗示和诱导。比如，在图书馆中，大家会自觉地保持安静，在嘈杂的菜市场中，大家又会不由自主地提高音量，这些就是对自然环境暗示做出的无意识反应。

学校的特色建筑是一个高校的标志，也是一个高校的符号。国内外高校有不少特色建筑。在我国首批 20 世纪建筑遗产名录中，有包括清华大学图书馆、北京大学红楼等 15 处高校建筑入选；国外高校如美国麻省理工学院斯塔塔中心，奇形怪状充满立体感和层次感，用特殊的语言向大家说明，该学校向世界敞开思想。高校在长期的发展中，形成了具有其自身特点的自然环境和精神环境文化，但从学校自然环境来讲，校园内的楼体、雕塑、绿化等特色不足，缺乏文化内涵，传统的民族建筑文化没有得到有效传承，在这方面高校还有很长的路要走。

### 2. 高校行为文化主体综合素质有待进一步提高

高校教师、学生、管理及后勤服务人员，作为高校行为文化的主体，他们之间会相互促进、相互影响。当前的社会变化和大学改革，使高校教师承受了很大的压力和挑战，在这种情况下，有的教师开始出现学术浮躁，不能安心研究，有的教师急功近利，把工作重心放在评职称、升职、赚外快等方面，教学效果欠佳；大学生刚刚经历了高中三年的紧张学习，到了大学放飞自我，自由散漫，学习积极性大大降低，往往缺乏学习计划和职业规划，学习目标十分不明确；部分领导干部不能认真地投入本职工作，在日常工作中不求有功，但求无过；一些后勤服务人员遇事能推则推，严重缺乏服务意识。以上各个行为文化主体的各种不恰当做法极大破坏了高校的行为文化环境。

### 3. 高校社会服务功能有待进一步增强

作为高等教育的三大主要功能，教学、科研和社会服务是一个统一整体。通过教学培养高素质人才，推动社会进步；通过科研项目，促进生产发展，都是社会服务的方式。目前，有的高校片面地将教学、科研和社会服务功能分开，仅仅注重教学科研，忽视了社会服务；有的高校仅仅是在教学、科研之外寻找社会上的服务项目，没有把社会服务理念融入教学科研中。

作为高校社会服务功能进步的展现，大学科技园具有丰厚的科技资源，但由于建设经费不足、管理制度规范不完善，使得大学科技园的社会服务功能大打折扣。

# 第四节 高校校园文化建设的重要作用及意义

## 一、高校校园文化建设的重要作用

### （一）对大学生的作用

人的全面发展要求思想道德素质、科学文化素质和健康素质等各方面全面提高。在校园内，高校校园文化作为精神食粮，能够丰富人的精神世界，尤其是为大学生的健康成长提供不可缺少的精神支柱，并且以它特有的感染力和感召力在塑造具有文化气息的高精尖人才时发挥着不可替代的作用。精神力量也可以转换成物质力量，优秀的校园文化促进师生在科研方面大有作为。这些作用我们可以统一认识为校园文化的教育作用。

### （二）对高校的作用

我国高校的办学力量不再局限于国家等公共机构，已经由统一开始走向特色，社会各界力量积极参与高等教育。其中，民间参与高校办学的水平已经与公办学校齐头并进。2002 年 12 月国家颁布《中华人民共和国民办教育促进法》更是为民办高等教育保驾护航。外部和自身的硬件为民办高校的存在站住了脚跟，如何使民办高校在高等教育的发展中更有说服力，不仅要靠科研水平打开局面，还要靠本校的校园文化。先进的、健康的校园文化将对高校的发展产生巨大的促进作用。高校的校园文化有助于其在高等教育体系中准确地定位，应把握机遇，从而加快高校的发展。

## 二、高校校园文化建设的重要意义

作为高校思想政治教育工作的有效载体，高校校园文化建设对于教育目标的全面实现及高校大学生健全人格的发展，具有深远的重要意义。

### （一）有利于实现社会主义"四有人才"的培养

为社会发展"培养有理想、有道德、有文化、有纪律的社会主义建设人才"是高校深入贯彻落实党的教育方针的客观要求。高校校园文化建设的一个重要核心就是要始终以马列主义、毛泽东思想、邓小平理论，"三个代表"重要思想、科学发展观和习近平新时代中国特色社会主义思想为指导，通过思想政治教育来强化对高校学生的爱国主义教育、文明诚信教育、集体主义教育等内容，逐渐培养大学生树立正确的人生观、价值观，使他们努力提升个人综合素质，从大处着眼，明辨是非，促进大学生成为对国家的富强兴盛与社会的发展进步有所作为的"四有人才"，实现自身和社会的共同进步。

大学生的价值取向决定了未来整个社会的价值取向，而大学阶段正处在价值观形成和确立的关键期，因此抓好这一时期的价值观养成有助于提升高校大学生的道德认知，帮助他们扣好人生的"第一粒扣子"。

高校校园文化建设作为宣传和落实人才培养目标的有利载体和重要途径，既能影响高校大学生的思维方式，又能培养其良好的人文素养、审美情趣、专业技能及科学精神。同时，高校校园文化建设的顺利开展必须要以思想政治教育作为主导，要按照思想政治教育各个时期不同的主题来开展相应的校园文化活动，要用最先进的思想来开发高校学生的智能潜力，启迪学生的思想觉悟，并在高校校园文化建设中牢记以生为本的原则，尊重每一名大学生的人格培养。高校校园文化活动的开展中能够有针对性地突出理想、道德等理念的宣传传播，使高校师生广大群体在参与校园文化建设过程中，感受这种文化氛围，从而有效接受教育理念熏陶。高校大学生通过高校校园文化的独特魅力来不断强大自身素质。作为社会主义合格接班人的内在动力，积极向上的高校校园文化所散发出的独特魅力也会对大学生的政治思想、道德品质及行为规范产生持久深远的影响。

## （二）有利于适应大学生思想政治教育环境变化

目前，我国处于深化改革的转型期，由于受到经济全球化、西方多元文化等因素的影响，传统思想道德体质的地位受到追求名利的利益观的挑战。网络载体和大众传媒在思想阵地的渗透也逐渐影响着人们的思维方式。在这种社会变化发展的复杂大环境中，作为正处在思想活跃期的高校大学生，他们的人生观、价值观、道德观也发生巨大的影响。

高等学校里一些意志薄弱的大学生受到不良风气的影响，个人主义意识不断增长。在他们之中，价值取向扭曲、信仰迷茫、社会责任感缺乏甚至长期沉溺于网络虚拟世界中等问题比比皆是。这些都将影响我国高等院校教育的发展。因此，在当前多元文化的价值选择和判断过程中，必须通过有效的思想政治教育来对大学生进行正确的思想引导。

同时针对大学生不愿受说教、约束和主体意识增强的特点，更要不断创新和改革大学生思想政治教育工作，来给予大学生切实的引导和帮助。但思想政治教育的特殊性和高校学生思想政治的活跃性决定了仅仅依靠课堂教育来提高在校大学生的思想政治素质是远远不够的。相比较而言，独具个性又积极健康、向上的高校校园文化氛围可以帮助高校大学生完善人格，于潜移默化中提升自身的道德素养，更加有助于他们的成长和成才。因此，对于高校校园文化建设要给予科学、正确的引领，从文化源头上引导大学生积极、健康的价值取向，逐渐培养高校大学生形成正确的群体价值观，同时充分借助高校校园文化的有效建设，将思想政治教育的内容融入其中，使大学生在潜移默化中感受良好高校校园文化建设的独特魅力与精神感染，从而对大学生的人生观、价值观产生深远影响。健康向上、丰富多彩的高校校园文化对于大学生良好品性的形成、道德水平的提高、文化素养的积淀具有无形的积极促进作用。

### （三）有利于开辟高校思想政治教育的途径

高校校园文化建设过程中，其自身的知识、信息以及传播优势开辟了高校思想政治教育的新途径。在高校对受教育群体进行思想教育的过程中，通过融入校园文化建设的方式方法来达到教育的目的，将会赋予高校校园文化崭新的形式和内容。

高校师生群体通过组织和参与形式多样、丰富多彩的校园文化活动及大学生社团活动等，在校园文化活动中渗透思想教育的内容和形式，在日积月累、潜移默化的文化氛围中使高校大学生逐渐提高思想觉悟，从而激发学生学习的主动性，促进身心的健康发展。通过专业知识与丰富多彩的高校校园文化活动相融合，寓德育于专业教学之中，有效地与大学生的日常生活、学习相融合，并使之经常化、具体化、从而提高高校大学生的文化专业水平与思想道德水平。

另外，通过高校校园文化建设中的课外实践活动来不断加强对高校师生群体关于革命理想教育、爱岗敬业教育、人生观价值观教育及文化素养教育，可以启迪教师在工作中踏实勤奋，学术上锐意创新；学生们在学习上认真刻苦，活动中积极热情，从而开拓出更为优秀的高校校园文化成果。

同时，高校校园文化活动中的一些专题讲座、读书竞赛、纪念活动等不仅具有一定的思想性，还可以有效地净化心灵，增强课外阅读知识，激发爱国主义热情，从而更好地为中国梦的早日实现发挥自身潜能，开阔视野，激发广大高校学生的爱国热情与社会责任感。

1. 高校校园文化建设与高校思想政治教育内在要求具有一致性

高校校园文化建设和高校思想政治教育工作的研究领域同属于意识形态范畴。其中，前者是研究如何通过校园文化的外围层和内涵层使广大师生都能够接受和认同具有高校自身特点的共同观念和信念；后者则是引导学生树立正确的世界观、价值观与人生观，其指挥棒是马克思主义理论体系。高校建设具有文化气息的校园，营造良好的育人环境，是提升大学生综合素养的重要途径，是培养全面发展人才的有效诠释。高校校园文化建设作为高等学校建设的实践层，也同样具备"以人为本"的基本特征。

学生的全面发展要求的不仅是科学知识的积累，也是专业技能、人文素养、社会适应能力、人际交往能力的等综合素质的提升。可见，构建高校校园文化，既有利于学生的全面发展，也有利于社会的不断进步。积极构建高校校园文化，不仅可以解决不同学科培养模式的差异性，还可以解决人文素养缺失的现实问题。

高校校园文化建设与思想政治教育都侧重人文关怀层面，校园文化将"物质文化、精神文化、制度文化、行为文化、媒介文化"集为一体，充分发挥其在高校育人工作中的积极促进作用。可见，在社会主义核心价值观引导下，要积极构建高校校园文化，不断丰富总结和创新校园文化的含义和内容，通过借鉴国内外相关文献，打破传统思想的束缚，满足对文化传承、文化创新的需求。

校园文化的构建为大学生思想政治教育注入了"新鲜的血液"，丰富了思想政治教育的内容，改变了之前死板的教学模式，使思想政治教育变得生动有趣，从而吸引大学生的目光，这便是校园文化建设的目的所在。

2. 高校校园文化建设是实现大学生思想政治教育的有效途径

我国当前正处于转型时期，不单单是经济发展方式的转变，更是公众思想观念的转变。面临快速增长的生活成本，速度加快的生活节奏，这些生活环境因素潜移默化地影响了现代人的价值取向。由于校园文化具有社会性和渗透性，这些负能量也渐渐地影响着高校大学生价值取向，也阻碍了思想政治教育工作的顺利开展，弱化了思想政治教育的效果。

高校为国家培养全才犹如一只盛满水的木桶，思想政治教育工作就是其中的一块木板，如果工作不到位，那么就像这块木板没有与木桶的其他木板平衡，就会造成人才培养的畸形。高校校园文化作为高校思想政治教育工作的有效途径，如果没有在实际中有效地应用，势必会影响高校的思想政治教育工作的效率。可见，高校校园文化建设势在必行。高校应致力于构建和谐的校园文化，以此来推进思想政治教育工作有条不紊地进行。目前，校园文化建设体系上还有待完善，有很多问题表现得尤为突出。例如，一些院校将更多的关注点放在物质文化建设，没有对精神文化建设做出太多的努力；一再强调课程考试的重要性，却没有关注综合素养的培养；只重视理论方面学习，忽视了实际操作能力的锻炼；只是鼓励学生参加校园活动，忽略了社会实践的磨砺等。

总而言之，培养全面发展的人才不能将关注点仅仅放在物质文化建设、理论学习、课程考核、校园活动等层面。我们应该把眼光放长远，同样给予精神文化、综合素养、实践能力、社会实践活动等层面的相应关注。社会环境是个大染缸，充满了各种各样不同思想观念，这其中有优质与恶劣之分。高校身处社会这个大环境，作为输送人才的主要来源，要尽量避免太多负面信息的渗入。因此，高等学校高度重视校园文化的构建，将会议精神落到实处，利用思想政治教育与校园文化的互通性，将两者有机结合起来，从而发挥最大效应，从而将高等教育人才培养上升到更高的层面。

### （四）有利于凝练高校校园文化的精神内涵

高校校园文化建设对于高校自身的发展具有积极的促进作用。一方面，高校校园文化建设水平的高低可以体现一所高校整体的办学实力的强弱和文化底蕴的深厚。从另一个方面看，在当前国内各高校之间入学率、学校综合排名竞争日趋激烈的背景下，个性鲜明、积极健康又独具魅力的高校校园文化无疑是高校不断创新发展的源泉与动力，同时也是高校自身整体形象的新增长点。作为高校的一种隐形资源，高校校园文化同高校传统的教学质量、师资力量、科研设备及办学规模等比较来说，高校校园文化的形式更为隐性，不仅可以强化高校办学理念，打造优秀独特的教育品牌，还可以巩固科学文化传播的成果，提升思想政治的教学质量。

高校校园文化中的校园精神作为一种深层次文化，热情洋溢的校园生活体现于行为日常，是高校校园文化的灵魂和核心。因此在丰富高校校园文化建设的同时，更要注重凝练出高校的校园精神，通过文化建设活动的有效开展展现出校园精神具有的独特精神魅力、凝聚力和震慑力。

另外，充分发展高校校园文化建设还可以强化高校的办学理念，促进教学水平和管理教育的显著提高、师资力量的有效整合，并有助于高校打造特有的教育品牌，最终促进高校各项事业的健康发展。

### （五）有利于加强大学文化建设政策的贯彻

大学文化对校园文化的形成具有导向作用。大学文化是先辈通过学习并反复实践，经过了各种现实的考验，最终沉淀下来的文化精华。它已经被历史证明是正确的，是具有一定参考价值的，它指明了大学文化发展的具体方向。作为金字塔的顶端部分，大学文化不仅决定了校园文化的本质，也影响了校园文化发展的趋势，它对校园文化的构建具有一定的理论价值。

因此，在校园文化的构建路径上，我们必须坚持以大学文化为导向。只有这样才能构建出最合理、最有效、最具特色、最适应自我发展的校园文化，才能引发全体师生的共鸣，使得校园文化的形象深入人心，促使他们形成与之相应的价值观念和人生理想，从而推动学校全面、协调、可持续发展。

### （六）有利于发展中国特色社会主义先进文化

高校校园文化是社会文化的重要组成部分，校园文化的发展在一定程度上会影响社会文化的发展，和谐校园文化的构建对中国特色社会主义先进文化的发展具有一定程度的推动作用。这在每一个历史时期都是受用的。首先，中共十六届六中全会上强调指出，"思想政治教育要同文化的大发展大繁荣有机结合、相互促进，既要把社会主义核心价值体系贯彻到国民教育的全过程。"随后，党的十八又明确把文化建设作为五位一体的总体布局之一。可见，我国政府对文化建设给予了高度重视。在此良好的舆论环境下，我们应该以此为契机，全力落实党的方针政策，大力推进校园文化建设，为中国特色社会主义文化建设贡献全部力量。

## 三、高校校园文化建设的发展要求

高校校园文化活动在校园文化建设中承担着由理论向实践转变的载体功能，它将学校、社会所要传达的精神、理念和人文通过活动的形式体现。文化活动本身作为文化的一种呈现载体是客观的，但是在实际的校园文化活动中，活动的设计、选择和运行由师生主导，因此其带有主观性。校园文化活动的开展受到很多因素的影响和制约，并且在不同的历史时期，校园文化活动有不同的时代环境和历史使命，呈现出不同的总体特点。这些不同从某种意义上看，是学校师生根据一定的原则和因素选择的结果，并且一个优秀的校园文化活动总会有其内在的开展规律，这种规律是普遍性的。因此，校园文化活动的进行也要按照一定的要求和规律才能将校园文化活动的作用发挥得淋漓尽致。

### （一）开放性和批判性相结合

高校校园是一个博采众长、兼收并蓄的文化大熔炉，一个国家需要用海纳百川的精神吸收世界和民族的文化精髓，高校亦是如此，只有用开放包容的心态，去积极吸收其他高校、社会和世界的优秀文化养分，才能有源源不断的生命力和活力。校园文化是一种开放文化，它通过传授知识、发展科学而接触古今中外的各种文化。它必然要面对古往今来的社会价值观念、知识体系、道德标准、行为模式进行批判地继承，有选择地吸收，从而形成自己特有的文化体系，因此高校校园文化活动需要以开放的姿态去迎接和选择具有普适性的文化因素。同时，社会文化、世界文化鱼龙混杂，良莠不齐，不同高校有不同定位，不是所有原则都放之四海而皆准之，只有在开放中保持批判的态度，才能创造出更好的文化活动。高校校园文化活动是校园文化最直接、最活泼的承载体，它体现出校园文化作为社会先进文化的重要品质。实践证明，一切先进文化都无法脱离民族优秀传统文化而单独存在，否则就如树木失去根基，河流失去源泉。

因此，高校校园文化活动，必定要包含并体现出民族传统文化与精神，深入挖掘中华民族传统文化宝库，寻找、开拓优秀的价值资源，并在文化活动中大力继承与弘扬。其次，高校校园文化活动的这种开放性，还体现在对校与校之间的横向借鉴。不同大学在历史发展中形成了独特的校园精神与文化氛围，与之相应的则体现在不同的校园文化活动之中，因此高校之间可以相互借鉴。充满理性和批判是高校的内在特性，在文化多元化的今天，高校需要坚持什么、反对什么、吸收什么、抵制什么都应该要有明智的选择和坚定的决心。高校校园文化活动需要综合考虑学生与学校的情况，对外来文化保持批判的态度，这种批判并不是一味地否定与驳斥，而是用一种理性的目光去审视与考察，在社会潮流中不偏不倚但却独树一帜。在世界思想文化风起云涌的今天，高校校园文化活动本身以及在活动主题中应该突显出对西方不良思想的自觉抵制，引导学生对诸如享乐主义、个人主义、物质至上等错误思潮的驳斥，同时以其他高校为反省镜，有则改之无则加勉。因此，高校校园文化活动应该坚持开放性与批判性相结合，呈现出既有历史积淀的厚重感，又有个体创新的独特性，既发扬传统优秀文化，又创造时代崭新精神。

### （二）普遍性和特殊性相结合

任何事物都是矛盾的统一体，事事有矛盾，时时有矛盾，这就是矛盾具有的普遍性即共性。同时，不同事物具有不同矛盾，不同矛盾具有不同方面，这是矛盾的特殊性即个性。共性寓于个性之中并通过个性表现出来，共性与个性是相互对立统一的。高校校园文化活动属于社会文化的有机组成部分，因此在新时期，高校校园文化活动既要遵循文化发展的普遍规律，同时又要坚持从实际出发，打造特色校园文化活动，坚持普遍性与特殊性相结合。

首先，高校作为社会与时代背景下的组织，必定吸收了来自社会的主流文化，与时代主流思想保持一致，并且高校校园文化活动之间相互借鉴、相互渗透，使各个高校校园文化活动的主题、形式、内容、目标都具有总的方向一致性，即普遍性。这些普遍性同时也是社会文化发展的普遍性。经济基础决定上层建筑，高校校园文化活动受制于一定的社会经济发展程度，体现时代特征和社会特点。同时，高校校园文化活动还受制于政治理念、教育方针和社会思潮，这种普遍性还需要体现这些因素，站在人类文化发展的高度上开展实施。2017年12月27日《关于加强和改进新形势下高校思想政治工作的意见》的指示，高校校园文化活动的主题应是理想信念教育，弘扬中华民族优秀传统文化和革命文化、社会主义先进文化是其中应有之意，并以马克思列宁主义、毛泽东思想、邓小平理论、"三个代表"重要思想、科学发展观和习近平新时代中国特色社会主义思想为基本指导思想，以立德树人为根本，以理想信念教育为核心，以社会主义核心价值观为引领，弘扬主旋律。

此外，高校校园文化活动还应该坚持特殊性。在竞争激烈的今天，一所高校可以说是靠普遍性在社会中"生存"，但是要想脱颖而出，就要发挥特色，找准优势，在共性中找到个性，形成区别于其他高校校园文化活动的"标记"。

因此，新时期高校校园文化活动就是要在保持社会主流文化方向基本一致的基础上，找准自身优势，结合学校的校风、学风，发挥专业学科优势，传承自身悠久的文化历史传统，利用丰富的校友资源等，不断开辟新的校园文化活动，避免落入窠臼，盲目跟风。因此，高校校园文化活动既要遵循文化的普遍规律和办学的基本方向，通过形式多样的校园文化活动全面推动校园各个领域与层次的建设，同时又要立足自身实际，凝练特色，彰显个性，有选择、有重点地保持校园文化活动精品，突出主题，抓住中心，实现普遍性与统一性的辩证统一，提高高校校园文化活动的实效性。

### （三）继承性和创新性相结合

高校校园文化活动存在着继承与创新的关系，两者都以面向传统为前提，继承是基础，创新是动力。高校校园文化活动既要继承校园精神底蕴，发扬地域文化特色，弘扬中华民族传统文化，还要与时俱进，不断创新，形成新观念、发展新内容、创造新形式。

思想是行动的先导，高校校园文化活动作为一种校园文化实践，实践的正确与否，首先要看它是否有正确的思想作为指导。高校校园文化活动的开展必定需要依托一定的精神文化，不论在任何时代，文化活动都需要最本质、最核心的精神为依托，这就需要校园文化活动的开展要坚持继承性与创新性相结合。大学作为高等教育的重要载体，因自其诞生之日起就被赋予了文化启蒙、创新、传承和引领的作用，故必须在教育的过程中实现文化资源的传统与现代、本土与外来的结合。

首先，校园精神是高校文化的灵魂，它赋予学校生命、活力，反映着学校的历史面貌、精神意志和风尚风气，是经过一代又一代的师生在追逐理想与信念、探索与求知的进程中沉淀下来的稳定校园气质。不同高校因其不同的发展理念与制度文化会形成不同校园精神，但总的来说，它都是高校校园文化活动的重要指引，必须在活动中抓住校园精神的根，才能凸显校园特色。

其次，中国幅员辽阔，地域分布广，经过历史的演变，不同地域形成了鲜明的地域文化。高校总是需要扎根在一定的土壤之上，那么地域文化的土壤也是高校校园文化活动扎根的地方。在开展高校校园文化活动中，应适当结合当地风土人情，深入挖掘地域文化特色，继承地域文化涵养，能扩宽高校校园文化活动的渠道，增强校园与地方社会的紧密联结。

最后，"大学是高深文化生存和发展的土壤，人类千百年来积淀的文化，特别是高深文化的命脉，其传承与延续都必须借助于大学"，高校校园文化活动要始终坚持弘扬中华民族传统文化，中华民族拥有深厚的文化积淀，扎根于民族文化的土壤，肩负时代赋予大学校园的历史使命，彰显校园风范。

创新则是校园文化活动的动力。首先需要不断形成新观念。高校校园文化活动总是在一定的时代背景下的活动，不同历史时期有着不同的历史使命，有不同的历史号召，改革开放以来，高校承担了不同重点的历史使命，为社会主义市场经济培养人才、积极实施科教文卫战略、培育"四有"新人、实现中华民族伟大复兴的等一系列历史使命，那么高校校园文化活动也应该坚持与时俱进的观念，以时代精神作为活动的出发点和落脚点。其次，高校校园文化活动需发展新内容。随着校园文化探索的不断开展，高校校园文化活动也应该扩宽活动内容，根据时代主题的变化，社会政治方向的要求，开展丰富多彩的校园文化活动，从而促进学生综合素质的全面提高，适应不断变化的社会要求。最后要不断创新高校校园文化活动形式，随着科学技术的不断发展，社会不断涌现新事物、新科技，传播手段、话语体系以及活动载体皆出现了新的形势，因此，高校校园文化活动要实时掌握学生的兴趣动向、文化潮流，以学生喜闻乐见的形式来增强活动的吸引力，让尽可能多的学生都参与其中，这在一定程度上可以看作是活动的前瞻性和先行性。

## （四）科学性和人文性相结合

坚持科学性与人文性相结合，就是指高校校园文化活动要结合活动主题既要具备科学性和专业性，同时也要充分尊重学生的主体地位，坚持以人为本的思想，注意调动学生的参与积极性。

高校校园文化活动是一个复杂的系统，需要全方位、多方面、专业化设计规划，并不是领导、教师或者学生一时兴起、随意开展的活动，校园活动不能仅仅停留在娱乐、消遣和商业的层面上，它需要有预设的活动目标，希望通过活动达到一个什么样的目的，与此对应的就开展何种主题的活动。因此，科学性的要求之一就是活动规划需要理性审视活动主题价值、注重活动主题构思，确立主题鲜明、形式多样的活动，并融入社会主义核心价值体系、社会道德规范、民族精神、民族传统文化、国家荣辱责任感、中国梦等主流价值观，有计划、有目的地贯穿于精心设计的各项主题校园文化活动中，使学生在潜移默化中将其接受并内化于心。

此外，科学性还体现在活动内容上。高校是传播知识的殿堂，发挥着培养人才的功能，这是一所学校的基本内核，而课堂传授往往是偏于单向的知识理论输出，学生只能被动地接受知识。而高校校园文化活动则能有效地弥补这一缺点，通过活动实践来传播知识，培养科学精神。通过开展专业性强的校园文化活动，使学生在实践中亲身探索求知、实验求证、理性质疑、批判创新，扩宽学生追求真理和探索科学的渠道，深化学生的知识理论体系，将教学理论转为生动实践，因此使学生在校园文化活动中不断增强学术能力，提高科技文化水平，积极创新开拓领域，不断提升认识和改造自然的能力，成为一名合格的社会主义接班者和建设者，促进社会生产力的不断发展。高校校园文化活动需要遵循人文性要求，这也是其最重要、最本质的一部分，它包括以人为本和人文精神培养两个方面。

高校校园文化活动从本质上说是围绕学生的思想品德、价值观念、行为规范等开展的活动，要达到这一目的，就必须要实时了解学生的发展动态，成长问题以及兴趣爱好等，在活动中更加注重尊重学生、关心学生、理解学生，把学生作为活动的出发点和归宿点，广泛调动学生参与校园文化活动的积极性、主动性，最大限度地发挥学生的主观能动性和创造力。高校的职责并不完全在于培养单纯的科技人才，知识与科技的应用首先要基于人文，否则培养出来的就是毫无人文情怀的机器人，因此，高校校园文化活动中还应体现人文精神，即要注重培养广大青年的理想道德和高尚情操，为学生了解专业以外的社会伦理、生态环境、文化涵养等创造条件，以此培养学生的同理心、道德感和责任心，全面提高学生的综合素质，成为一名合格的社会主义四有新人。

# 第二章　高校校园文化建设的现状分析

高校校园文化建设逐渐向多样化、时代化以及特色化发展。但从当前高校的校园文化建设现状来看，各大高校的思想政治教育工作者和其他管理者依然没有改变传统的教育方式，这样就会导致教师的主导作用没有充分展现，学生的积极性不能很好地发挥。这在一定程度上影响了高校管理、服务和创新型人才的培养。本章内容分为高校校园文化建设的现状、高校校园文化建设的趋势、高校校园文化建设的机遇与挑战三部分，主要包括：新时代高校校园文化建设取得的成就、高校校园文化建设存在的主要问题、新时期高校校园文化建设的指导原则等方面。

## 第一节　高校校园文化建设的现状

### 一、高校校园文化建设取得的成就

#### （一）校园基础设施建设较为完备

大学校园物质文化是一种物化的文化形态，是学校一切物质条件的总和，包括教学楼宇、教学设备、实验室、活动场地、生活设施及办公场所等硬件基础设施。校园基础设施建设是大学校园活动开展的必备条件，教学楼是教师开展教学活动、讲授知识，学生上课、接受知识的场所；图书馆是大学生查阅书籍和借阅文献资料、安静看书学习的地方；报告厅是学界大咖、大佬开展学术讲座、分享专业知识的空间；宿舍楼是给学生提供温馨舒适的休息环境，保障学生高质量睡眠休息的场所；食堂是给师生提供物美价廉饭菜，提供均衡营养膳食的场域；实验室是给学生动手做实验，实现专业理论知识与现实实际有机结合的场所；操场是给学生体育锻炼、增强体能的地方。物质文化是高校校园文化建设顺利进行的基础和前提，是高校校园文化育人的重要载体和途径。大学校园基础设施相当于为大学生提供良好的生活和学习园地，图书馆、教学楼、实验室、自习室、报告厅是大学生在校学习的主要场所；食堂、宿舍楼是给在校师生提供良好食宿条件的地方；操场、篮球场、体育馆等是给在校师生提供锻炼身体的空间。学校图书馆的藏书量和阅读座位，学校自习室座位数量及管理模式、操场、篮球场、体育馆体育设备的数量和质量、校园花草树木植被的覆盖率等，通过创建怡人的环境，师生在审美的同时愉悦身心，进而激励自我潜能的发挥，全身心投入到学习和科研项目中。大学校园通过合理谋划基础设施建设，抓好教学楼、图书馆、自习室、报告厅、宿舍楼、食堂、操场、体育馆等的建设和管理工作，在一定程度上为师生提供学习和展示自我的平台，为高校校园文化育人提供基本条件。

## （二）大学精神日益深入人心

大学要实现育人目标，需要做好高校校园文化建设，引导大学生树立科学的世界观、人生观和价值观，形成健全的人格。在大学培养人才、创新科技、更新理念、传授知识、传承文化、服务社会等功能中，校园文化育人是大学价值教育体系的灵魂和核心。大学精神是大学在悠久办学实践过程中积淀的文化精髓和价值理念，大学精神凝聚大学的办学理念、办学理想和追求目标，建设优良高校校园文化及充分发挥高校校园文化育人功能要完善大学精神。大学精神深入人心可给予师生各方面的指引，在特定时空条件下通过凝聚校园人的上进心和进取心，将其转化为具体的奋斗目标，形成广大师生的精神支柱和发展动力。

例如，西南联合大学在民族危亡之际诞生，西南联大的学生可以在继续学业和亲赴前线两种方式中选取一种来实现救国的抱负，结果西南联大的学生大都选择了通过继续学业、提升自我来救国的方法。革命先辈陈寅恪满怀救国大志，但他却没有像他父亲一样在卢沟桥事变后以绝食的方式殉国，而是去往西南联大，给广大学子传递知识，他相信救国必须以理论知识的学习和精神层面的教化为基础；抗日军政大学"坚定正确的政治方向，艰苦朴素的工作作风，灵活机动的战略战术"的办学理念，培育造就一大批著名的抗日军政人才，在抗日战争中发挥了重要作用，为抗日战争的胜利作出了巨大贡献；北京大学"兼容并包、思想自由"的大学精神，激励北大师生不断拼搏、向往自由，使北大成为新文化运动和五四运动的发源地；哈佛大学校训"让真理与你为友"，激发哈佛师生不断探索真理的热忱之心，怀着对真理的向往努力学习、积极向上，不断充实理论知识、提高动手实践能力；各所大学的大学精神日益深入在校师生内心深处，对师生未来的发展提供明确指引。

### （三）校园文化管理制度逐渐完善

完善的高校校园文化制度体系建设是高校校园文化育人的核心，它不仅给大学的管理提供参照、方便营造自由与纪律并存的校园文化育人保障氛围，而且关系到高校校园文化育人能否可持续发展的问题。中国人民大学、华中师范大学、武汉理工大学等部分高校根据国家和社会的要求以及自身实际纷纷出台的《章程》《办法》，明确大学的办学理念、办学目标、理想追求、办学精神、管理体制、规章办法、行为范式及各项重大规则，对在校师生的行为规范作出明确的指导，完善高校自主管理、自我约束的机制。以往经常是理论课教师和辅导员专职管理学生，学生出现学习生活、心理生理方面的问题时，往往是教师谈心、辅导员与学生面谈或直接将学生带去学校的医务室、心理咨询室等去接受治疗或心理辅导，不仅仅是单向的，而今服务管理也可达到育人的目的。宿管阿姨不再只是给大家开门关门的"守门人"，而成为给大家提供温馨舒适住宿环境的管理者；食堂窗口服务人员不再只单纯卖饭，而是为大家提供物美价廉饭菜和舒适就餐环境的服务者；校园清洁工不再只是做清洁的工人，而是带动大家保护校园环境的"形象大使"；图书馆管理员和自习室看门人不再只是给大家开门，而是优良借阅服务和惬意学习环境的守护者。校园各主体联动，形成一种动态的校园管理服务机制，制度文化的群体性使校园文化本身对群体中的每个人都具有规范作用，宿管阿姨要求大家遵守学校住宿规定，按时回宿舍，睡觉时间保持安静，保障休息；食堂窗口打菜依次排队、切勿拥挤，做文明吃饭人；不乱丢垃圾，保持校园整洁干净；在图书馆自习室保持安静、不大声喧哗、认真学习。作为处在社会关系中的人，看到其他人的文明行为，个体对自身价值和行为会进行反思，从而改善自身的不和谐行为，实现知行合一。在整个联动管理机制中，在校师生的任何行为都有章可循，有"法"可依，一定程度上为高校校园文化育人提供保障。

### （四）师生课余活动多元化

当代大学生综合素质的培养和提高，不应只局限于理论课堂，课外活动对身心发展也有不可忽视的作用。校园文化活动具有生动活泼、形式多样、调动性强、参与性强的特点，多元文化活动的开展，可以丰富师生课余生活和娱乐生活，从贴近师生的生活与学习实际出发，使在校师生更心甘情愿、自觉主动地接受教育，在耳濡目染中受到熏陶和塑造，达到的效果往往更佳。在满足师生文化需求的同时，结合文化活动的内容和价值导向，引发师生对自身认知和行为的反思，促进师生在活动中知行合一。广大师生在自己喜闻乐道的文化活动中亲身感受教育内容，提高内化教育内容的效果。如"格桑花""冯志兵爱心社""青志协"志愿服务团队、"学雷锋""学马列·读原著"研讨会、大咖讲座、学术沙龙、参观校史馆、博物馆、"红色遗址研学"、参加辩论赛及学校各大社团定期的活动等等，师生在走出课堂、走出校园踏上志愿服务的征程中培养团队意识和奉献精神；在捐献爱心和帮助贫困弱小的过程中体验基层生活的冷暖；在大咖讲座和学术沙龙中，学习、模仿并领悟大咖的思维方式、看问题的角度及问题意识，提高自主创新能力；在参观博物馆、校史馆的过程中加强对学校发展历史的认知进而增强归属感和认同感；在读书报告会上通过分享自己所看的好书，看别人看的书，学习看书做读书笔记的方法增强对学习的兴趣；在红色革命遗址研学期间，回顾历史，感受革命先辈不屈不挠的奋斗精神，强化爱国主义情怀和践行中国特色社会主义事业的使命感；在辩论赛与其他同学"争锋"的过程中提升辩论口才能力；参与社团组织的各种活动提高学生参与热情、积极性及组织管理和与他人团结合作的能力等。多元的文化活动丰富师生课余生活，使师生在课余不用只是待在办公室或宅在宿舍、百无聊赖，而是有很多课外活动可以参与。在参与这些文化活动的过程中，不仅能够锻炼自身能力、提高综合素质，而且丰富多彩的校园文化活动也活跃了校园整体文化氛围。

## 二、高校校园文化建设存在的主要问题

### （一）高校校园文化建设存在的突出问题

新时代高校校园文化育人在取得一系列成就的同时，也存在一些问题，这些突出问题主要体现在以下四个方面。

#### 1. 师生凝聚力不足

大学校园精神文化反映"一所大学的个性色彩、办学风格和精神风貌，体现大学的办学理念、办学追求、培养目标、文化传统和实践积淀"。它是一所大学在长期办学历程中形成的鲜明精神特征和理念风格，是一所大学的办学理念和理想追求。它应该是彰显校园形象和独特性的标志性产物，但目前部分大学校园精神文化的外在代表性形象产品仍然存在雷同化、同质化、形式化现象，包括校训、校风、学风、教风、校歌等的相似或趋同。校园吉祥物普遍以可爱动物、植物为主；校歌大多在经典正能量歌曲中直接选取；其中，尤以"校训"的"复制化"最为夸张，校训经常出现同样的词语和"两句八字""四词八字"等相似结构。

校训本来应该成为凝聚师生人心、汇聚在校师生对校园集体荣誉感、自豪感和归属感的一种精神寄托、彰显学校特色和办学风格的纽带。但通过这个表格的比对分析，我们发现部分大学校训大多采用"两句八字""四词八字"结构，直接选取寓意"好"的字词，进行堆砌，存在雷同化、同质化和形式化现象，难以凸显校园的鲜明特色和每所学校独特的办学风格、办学理念，让校园人很难产生对校园精神的强烈认知进而弱化对校园的归属感、自豪感、使命感，故而在凝聚校园人心方面略显无力，影响高校校园文化育人实效性发挥。

2.师生参与性不强

"武汉大学辩论队"再一次上微博热搜，我们在感慨队名千奇百怪、搞笑的同时却发现辩论赛已经成了武大的一个特色活动；华中师范大学马克思主义学院"学马列·读原著"活动，桂子山上集聚学者大咖，从不同角度对经典著作进行分析和解读分享已成为桂子山山民每次的盛宴；各大学校的"青志协""寒暑假山村支教"志愿服务团队，锻炼在校师生的志愿服务精神和团队合作意识；社团组织的"我爱汉服行动日"活动，倡导学生以汉服为切入点回归中华优秀传统文化等，我们可以看到在大学举办的高校校园文化活动有很多都给在校师生带来了正面引导作用，在学习之余可以让师生更好地享受大学生活。

大学非常重视开展大学校园行为文化活动，但我们看到在开展特色活动的同时，也不可避免地出现一部分形式略显老套的大学校园行为文化活动，活动形式不够新颖没有创意，导致师生参与热情不高，活动质量和育人效果整体偏低，无法满足高等教育内涵式发展的要求。大学校园行为文化活动的管理者和设计者在理念上存在着认知偏差，觉得开展校园文化活动主要的目的是丰富他们的娱乐生活，但却忽视了可以提高大学生专业素质、提升他们学术热忱的学术讲座和学术沙龙；锻炼他们口才、思辨和逻辑思维能力的大型辩论赛；培养团队合作精神和奉献精神的基层体验实践以及志愿服务活动；感受革命先辈不屈不挠爱国主义精神的"红色遗址研学"等有特色的文化活动。在高校校园文化活动中存在着参差不齐的现象，面对活动层次不一，有高雅有低俗，有特色有老套、有精品有低下的情况，师生对高校校园文化活动的参与性不强，很难调动师生的热情和积极性，难以实现开展校园文化活动的初衷。

3.师生行为规范性不够

大学校园制度文化最直接的体现方式就是大学的各项管理规章制度。学校的规章制度设立不仅要贯彻国家大政方针、遵守国家各项法律法规、符合教育发展规定，而且更重要的是树立"以人为本"的理念，从师生本身成长和发展特点出发，制定的规章制度要符合师生切身实际和利益。而现今部分学校在设立规章制度时，只是领导班子站在高处"高瞻远瞩"，采用自上而下的方式开始实施，希望可以"一劳永逸"，因而部分管理制度呈现滞后性，对师生行为的规范性不够。

为减少学生安全事故发生比例，一如既往实行早晚定点点名制度，若当时不在校就写检讨几千字，以为这样就可以让学生安心待在学校，然而事与愿违，部分学生点完名之后立马离开教室；为了让学生更好地学习英语，让学生进入网站每天看1～2小时视频，以为可以锻炼到学生的英语听说能力，但由于并没有一个科学合理的监督机制，结果学生往往点开视频后，就去做其他事情，并未认真利用视频课提高口语和听说能力；对于不同院系不同专业的学生，为了方便学校统一管理，经常统一安排实习的规章制度管理，不具有专业的针对性，无法实现实习的初衷，达不到实习该有的效果等。诚然，这些管理制度在设立初期时是有积极效应的，但随着时代发展和学生的综合素质、心理愿景的变化，这些制度会显现滞后性和不符合现状的地方。因此还一如既往地使用这些滞后的、跟不上时代节奏和师生行为发展变化的管理制度，不仅学生在心理上无法产生认同感，而且可能会产生厌烦情绪，进而无法在行为活动上主动遵守和践行，因此对师生行为的规范性不够。

4.校园人文基础设施建设不完善

校园物质文化基础设施建设为高校校园文化育人提供平台。在校师生利用图书馆、自习室等安静学习；利用实验室动手做实验，实现专业知识与实际相结合；利用校园广场休憩谈心练习口语和听说能力；利用体育场锻炼身体、强健体魄、提高体能。但与此同时，发现部分学校在基础设施建设时并没有充分考虑到人文基础设施建设的重要性，忽略了博物馆、校史馆、名人雕塑等人文基础设施的建设，单纯注重基础设施建设，忽略人文内涵的注入，对在校师生的陶冶力度不高，很难将物质文化的育人效用发挥到最好。

我国高校肩负着培养德智体美劳全面发展的社会主义事业建设者和接班人的重大使命，但校园人文基础设施建设还不够完善，只注重大楼、大广场、大操场、大舞台、大体育场等设施建设，对于名人雕塑、宣传标语、题词以及博物馆、校史馆等包含人文气息的基础设施建筑方面还不够完善。物质文化建设的人文内涵不够，在校师生多数还像高中生一样以宿舍、食堂和教室"三点一线"为主要生活方式，校园人文环境乱哄哄，师生对学校"审美"的感情直接转化为"审丑"；博物馆内展品缺少人文背景介绍、缺乏真实故事解说；校史馆内有关大学发展历史上重要的人、物、事件等展示不全或介绍不明，师生没有感受到优良的人文氛围，对情感的陶冶力不够，难以产生对大学历史探求的热忱之心，进而对大学的归属感和认同感降低。高校在建造图书馆、教学楼、广场、食堂、宿舍、博物馆、办公区域等基础设施时都应该注重嵌入人文气息，营造良好氛围，比如悬挂标语、名人校友的题词、名言警句、张贴科学家画像、详细解说它们"背后的故事"等，加强大学校园人文基础设施建设，提高对大学生的感染力和陶冶力。

### （二）高校校园文化建设存在问题的原因

1.高校自身的原因

（1）高校人员众多，机构庞杂

由于构成层次多样化和复杂化，高校大学生的素质参差不齐，尤其是通过高考制度下选拔的大学生，钻研于试卷与分数之余很少有时间参与校园文化建设的意识和行为，这样的局面为高校校园文化建设和管理增加了难度。

（2）对高校校园文化建设认识不到位

根据唯物主义认识论，高校校园文化建设出现这样那样的问题，与主体对高校校园文化建设的认识不到位有很大的关系。在建设高校校园文化过程中起到重要的作用的主要有领导人、教育者和受教育者。由于高校校园文化建设是一项系统的整体的工作，所以要求学校各部门团结互助，分工合作。这时，各部门的领导人就显得尤为关键。可是，受市场化和功利化等因素影响，领导人对高校校园文化建设的重视程度往往不足，有些领导人认为校园文化在高校的教学工作中无足轻重，仅仅是将其当作是形象工程或者是娱乐节目来做，没有从实际出发，发挥校园文化对高校育人的作用，使得高校校园文化建设浅尝辄止。另外，大部分教育者仍然认为高校校园文化建设的主体只有受教育者，即我们通常认为是高校大学生，这就忽视了教育者的主导作用。教学者只限于对学生授课，并没有积极地参与到高校校园文化建设中，而与大学生接触最为频繁的辅导员又因为日常工作的繁琐，对高校校园文化建设的贯彻和落实很被动。综上所述，高校校园文化建设存在着主体认识不足的问题。

（3）高校本身的现状

同一个校园文化建设项目在不同的校区实施，由于工作没有得到有效协调，即使能在同时期举办活动，由于多校区不在同一场地，也很难兼顾，更不用说还没有建好相应的活动场地，导致丰富的校园文化活动被取消。

（4）高校校园文化建设是一项系统的、复杂的工程

建设高校校园文化涉及方方面面，要统筹兼顾高校校园物质文化、精神文化、制度文化、行为文化和媒介文化，要坚持正确的方向，注重科学的方法，

关注高校校园文化的特点；在建设过程中，与高校思想政治教育互动，与高校教学配合，注重发挥高校校园文化的育人、引导等功能，在纵向结构中注意其建设的连续性，在横向结构中注重协调和平衡，等等，显示了建设高校校园文化工作的细致灵活，因而也导致了高校校园文化建设本身具有难度。

（5）物质文化建设资金投入不足

大学校园基础设施建设应该要统一规划、各处建筑力求格调一致、和谐统一，争取达到实用性、便利性、美观性和教育性有机结合，使学生浸润其中，享受高校校园文化带来的身心及精神的愉悦。当然，这种状况的实现需要雄厚的资金支持。诚然，国家财政每年对教育事业的支持力度很大，但是平均到每所学校建设大学校园基础设施的时候，依然存在资金投入不足的问题。随着大学招生数量和教育规模的不断扩大，许多大学原有的校园文化基础设施不论是在数量上还是在质量上都很难满足师生现在的学习和生活需求。部分学校的图书馆、体育馆、大礼堂、雕塑、博物馆、校史馆等基础设施年久失修，基本的娱乐设备相对紧缺，学生们的课余生活比较单调。现今各大高校的学生会、社团组织等已成为在校学生锻炼自我、参与实践活动、提高综合实力的主要场所，其文化活动形式也日益丰富多元，但却因为资金投入不足的原因，存在着活动场地及设备数量不够、空间不大、场地局促、设备老旧等问题。体育场体育器械老旧，空间不够；博物馆、校史馆藏品和展品没有足够的财力维护和更新；名人雕塑受腐蚀、刮伤或其他程度的损坏但却不能及时维修等，这直接影响到校园文化活动开展的层次和质量，影响校园物质文化育人功能发挥的实效性。在缺少资金的情况下，校园文化基础设施无法满足大学生日常生活的愿望和需求，在开展活动时，由于出现一系列"将就"的情况，参与校园文化活动的学生数量受限，不仅严重影响到社会对大学的认知和评价，更严重的是由于大学生缺乏锻炼自身的空间，故而抑制了德、智、体、美、劳综合素质的提升。

（6）专注模仿，未紧贴本校实际

大学精神是大学的灵魂，是一所高校校园文化育人的精神旗帜，大学精神不仅体现了一所大学的优良传统、历史文化、价值理念、发展目标、办学理念、理想追求，而且体现了一所大学的鲜明特色和个性风格。每所大学的发展历史、地域情况和价值追求都是不一样的，因而它们的大学精神也应该体现不同的特色。但现今部分大学却存在大学精神形式化、雷同化、同质化的现象，这主要就是因为它们在树立大学精神旗帜的时候并未紧密贴合本校实际和特色风格，专注模仿名校的办学风格和办学理念等。诚然，不论是中西方都有很多综合实力排名靠前的大学，它们也都有各自的大学精神。例如，哈佛大学的校训"与真理为友"，重视师生探求真理的热忱之心；剑桥大学的"此乃启蒙之所，智识之源"校训，倡导师生在这里求知学习；清华大学的"自强不息、厚德载物"校训，激励师生做君子；北京大学的校训"包容并蓄、思想自由"，力求营造包容万象、学术自由的氛围；武汉大学的校训"自强、弘毅、求是、拓新"，要求师生努力奋进，求是创新等。但部分学校在学习这些名校的时候，没有紧密贴合自己学校的实际情况，只专注模仿并一以贯之。当然，见贤思齐，这是很好的发展和提升自我的方法，但大学精神的树立并不只是一味地模仿名校。名校校训中出现"求实""创新"，我们也在校训中添加"求实""创新"；名校采用"四词八字"结构，自己便也硬生生采用这个结构等。这也并不意味着就一定不好，只是这样直接模仿并未紧密贴合本校实际，对本校大学精神的形成并没有实质性和建设性的意义。由于没有考虑自身学校的特色风格和办学理念，因而会出现形式化现象，导致很多学生对自己学校的校训、校史、校歌等大学精神载体不太了解，降低了大学精神对师生的凝聚力，师生对大学精神的认同感较低，进而影响到大学精神育人功效的发挥。

（7）管理制度未实施动态调节机制

学校管理制度是大学办学目标和价值追求的外在表现，是大学日常管理和教育教学有效运行的坚强后盾。当今大学管理制度对师生行为的规范性不够，一方面是因为调查对象不全导致制度设立的时候无法关注到全体师生的切身利益，难以实现以人为本；另一方面由于大学的校园制度文化是多层次的，但却是由各部门分头制定的因而缺乏统一的规划，部分高校在制定管理制度时，更关注制度设立本身和管理者实施起来的便捷度，而没有考虑师生实际的利益需求，也没有依据时代变化和师生身心情况发展规律，故而在一定程度上缺乏科学性、合理性，呈现滞后性。虽然这些客观现实情况确实给大学管理制度设立带来不可避免的麻烦，但通过设立动态调节机制，在制度建设中格外重视它的稳定性、发展性与系统性并结合新形势发展，不断完善，凸显时代特色与可操作性。部分高校管理者心怀"一劳永逸"的态度，管理章程一旦设立很长时间不调节、不更新，可在校师生是一个动态变化的群体，他们的思想观念、价值观点和行为方式在这一刻和下一刻都会有所变化。那些滞后的、不适应师生综合素质发展的规章制度大都是因为在管理制度设立后便放任不管，没有设置动态监管和调节机制的结果，因而对师生行为的规范性不够。所以设立动态调节机制非常重要，对管理制度随时监管并进行调整，与时俱进，推进制度文化更好地规范在校师生行为。

2. 社会环境的原因

首先，在经济、文化全球化和改革开放的进程中，高校大学生受到西方文化精华和糟粕的双重影响。西方文化中的自由主义、享乐主义等生活方式和腐朽的价值观对高校大学生的负面影响不容忽视，这些生活方式和价值观念以流行为外衣，掩盖了它们的腐蚀性和欺骗性，影响到高校校园文化的健康发展。大学生正在被这些糖衣炮弹迷惑，各种错误思想充斥校园，大学生的行为逐渐失控。与此同时，市场经济对大学生产生各种各样的负面影响，使得校园精神文化也变得岌岌可危，难以发挥校园精神文化的育人功能，从而无法抵制市场经济给大学生带来的负面影响，也可以说是社会大环境对高校校园文化建设带来的冲击。

其次，网络已成为当今社会舆论宣传不可或缺的部分。大学生这个特殊的群体热衷于尝试新鲜事物，必然会接受网络文化，变成网络群体的一部分。而今，我国网民数量已经处于高位，这些网民中高校大学生所占据的比重也是相当地醒目。智能手机等终端设备、无线网络的普遍使用，更加促进了手机网民数量的快速增加。以智能手机为平台的各种微产品的也相继被开发并快速被应用，传播文化信息的速度更是不容小觑。高校学生接受手机媒介的速度也紧跟时代发展，这也为高校的管理人员提出了新的要求。当代高校学生思维活跃，能够紧跟时代的潮流，容易接受新鲜的事物，是社会主义现代化建设的新生力量。在网络环境中，他们的好奇心、自信心能够得到充分的满足。然而网络媒介中的垃圾文化更容易干扰高校学生世界观、人生观、价值观的形成，严重扰乱了校园文化建设的脚步，高校的思想政治教育面临着巨大的挑战。

最后，我国经济由传统的工业型转向越来越以知识相结合的知识经济，而我国现阶段的高等教育还没有完全适应这种转变，或者说并没有在这种环境中游刃有余的展现自我的能力。这些不适应有高校的办学模式、办学主导思想，一些科研成果不能走出学校应用于实际，研发和生产没有衔接，有些高校闭关自守没有适应社会经济的变化，居于被动地位。这些都影响高校校园文化的建设，社会大环境对高校的冲击使得校园文化没有发挥出它应有的作用。

# 第二节　高校校园文化建设的趋势

## 一、高校校园文化建设的指导原则

高校校园文化的发展不是一蹴而就的，而是随着时代的变迁不断发展，因而映射了鲜明的时代特点。文化建设作为"五位一体"之一在十八大报告中提出，引起了国内专家的高度关注，同样，今后的高校校园文化建设也引起了行业专家的高度重视。

这些都体现了高校校园文化建设要紧跟时代要求，结合自身实际情况，思考高校校园文化的历史积淀，分析其产生问题的原因，充分利用校园文化这一载体为高校实现育人的目标服务。通过认真总结，新时期高校校园文化在建设过程中应遵循以下几个主要原则。

### （一）主旋律原则

随着我国经济持续快速增长，我国被带入了经济、政治、文化等全方位转型时期。解决转型时期出现的各种问题需要正确的指导思想，以社会主义核心价值观为指导。中国特色社会主义理论体系的精髓是解放思想、实事求是、与时俱进、求真务实，它将是我国今后一段时期重要的行动指南。在高校，长期以来，对学生的意识形态教育都是靠思想政治教育这一单一渠道完成的，实践证明，这种单调的手段已经不能满足日益纷繁的实践需要。高校校园文化建设的多样化丰富了思想政治教育的手段和途径，为了保持社会主义事业发展的正确方向，高校校园文化建设也应该以中国特色社会主义理论体系为行动指南，坚持以社会主义核心价值体系引领校园文化建设，积极弘扬时代主旋律，为高校思想政治教育工作服务。

### （二）开放性原则

中国传统文化博大精深，践行社会主义文化，实现伟大中国复兴的中国梦，提高中国在国际上的竞争力和中国文化的国际地位，就需要我们重视文化的建设，借鉴全人类自古以来的智慧结晶，吸纳国外在文化建设方面的成果。高校校园文化也不例外，也要加大与西方文化的交流，转变了思想政治教育的方式方法。具体来说就是要加强学生的实践能力，在实践和学习中贯穿德育教育，通过学习、工作、生活，提高了思考能力、交际能力、学习能力，最终使学生领悟到，只有提高道德修养、增强文化素质才能成为当代社会中有用的人才。同时，根据不同学生的个性鼓励他们积极参加社会实践，在实践的基础上培养他们的爱国情怀，提升他们的民族使命感等。

### （三）整体性原则

校园文化建设是一个精密、严谨、庞大的计划，由无数个细小的要素组成。合理搭配组织机构，建立规范可行的制度，按照预定方案实施，由扎实的操作基础、良好的平台等要素构成一个整体。高校校园文化建设应受到高度重视，为了避免"多头管理""各自为政""各家自扫门前雪"现象的发生，这个计划必须由相关的主管部门牵头，将各参与单位完美地衔接起来；避免主观因素对高校校园文化的制约，使计划中的各要素相辅相成，紧密结合。实施这一计划必须紧紧抓住教育的根本目的——培养合格的公民。加强高校校园文化建设就是为了提高当代学生的道德素质与品德修养，从而对社会起到良好的导向作用，形成高尚的社会主义新风气。高校校园文化建设需要教育者和受教育者的共同努力，这是一个互动的过程。高校的每个部门都要参与进来，为受教育者带来正确的导向，同时受教育者也必须有努力进步的追求。一个和谐的整体，离不开相互之间的作用。当受教育者在具体实践活动中感受到校园文化对其带来的影响，就会将这种观念反馈、影响、扩大到其他人身上，从而形成一股合力。实现高校校园文化建设的整体性目标。

### （四）主体性原则

高校校园文化建设主体是由政府、高校和高校学生构成的，这些主体都要对高校校园文化的育人作用有正确的认识。首先，政府作为一个重要的主体要在政策上、物质上支持高校校园文化建设。其次，高校作为第二大主体，要充分认识自己在校园文化建设中的地位，能够真正起到承上启下的作用，上要承接国家对高校学生的要求，为国家培养高素质的人才，做好部署和落实高校校园文化建设的具体工作；下要照顾学生的感情和具体需求，从本学校、本地区的实际情况出发，在相同的要求之下，做出不同于他校的、具有自身特点的高校校园文化。第三，作为高校校园文化建设最主要的主体，高校学生应在每天繁重的学习任务中，积极响应国家和学校对学生在文化艺术方面的陶冶和参与的要求，合理安排时间，保持劳逸结合，促进自我身心健康，达到提高学习效率的效果。

### （五）创新性原则

发展总是伴随着新事物的产生和旧事物的消亡，校园文化建设应坚持创新性原则。一个生命需要新鲜的血液，一个企业需要身强力壮的劳动者，一个思想需要不断融合其他先进的理念。校园文化建设需要汲取先进的经验，与时俱进。教育者与被教育者的思想有机结合，激发创新意识，在各个要素中补充"新"意。在丰富的创建工作中，在思想不断碰撞中，解放思想，拓宽视野，吸收经验，陶冶情操，发现问题，补充不足，吸取教训，改正错误，升华人格，优化校园管理制度，通过创新性原则，为师生建设一个有诗意、人性化的和谐校园。

## 二、高校校园文化建设的发展趋势

### （一）校园文化的传递性特征日益突出

文化具有传递性，随着各高校之间日益频繁的交流，先进的校园文化必然发生不断地传递，并通过各种途径从传统意义上由独立、封闭式的校园文化向开放型、多校共享式的校园文化转移。

### （二）从精英化教育到大众化教育的转变

校园文化建设突破了以往那种仅在校园精英群体中策划、开展的局限性，其参与者和受益者的范畴都有了新的扩展，将校园文化更好地向普通学生群体进行了延伸。

### （三）校园文化建设的政治化趋势越发明显

当今世界，政治形势极为严峻、混乱，各种民主、自由、和平演变等思想不断冲击着社会主义文化，也不断影响着大学生的价值观和世界观。因此，校园文化建设的内容更加突出了思想政治教育的作用，各高校通过开展各类主题教育，组建理论学习型社团等形式来加强大学生坚定的政治立场和信念。

### （四）从寓教于乐的基本功能向多种功能扩展

寓教于乐功能是开展校园文化的基本功能，其功能发生了新的扩展，丰富的内容和多样的形式不仅深化了对学生的综合教育和身心娱乐，也使得校园文化的德育、导向、激励、凝聚等功能得到了进一步确立和发挥。

### （五）校园文化建设的内容、形式日渐多样化和规范化

高校作为极具活力的文化环境，始终走在文化传播和发展的前沿，大学生广阔的视野和思维，不断推动着校园文化的创新。校园文化建设的规范化主要包括两方面的含义：一是校园文化的诸多要素已成为学校教育、教学工作不可分割的一部分；二是作为校园文化活动主体的学生群体组织向规范化方向发展。

# 第三节　高校校园文化建设的机遇与挑战

## 一、高校校园文化建设面临的机遇

### （一）大学校园的逐渐开放

我国经济、文化的发展离不开政治的土壤。这要求我国的高校校园文化与资本主义大学的校园文化不同，它需要承载着建设社会主义性质的、具有中国特色的文化的使命。我国在社会主义的探索上经历了波浪式的发展，重新步入正轨，并开始飞跃式的发展。

与此紧密相连的高校校园文化也是如此。新中国成立之初，大学承担着培养兴国人才的重任。大学校园政治氛围、学术氛围浓厚，与社会联系较少，封闭性较强。到了 20 世纪 90 年代中期，随着改革开放和市场经济的兴起，校园文化进入全面重建阶段。此时的高校一派欣欣向荣的景象，大学生都追求着自我价值的实现，努力完善自我，奉献社会。进入 21 世纪，我国高等教育走上了与国际、时代接轨的新道路。

### （二）市场经济主导下的校园文化开放

作为一种特定的文化形式，校园文化与经济发展条件密切相关。20 世纪 70 年代末，中国开始了经济转型，经过了长达数十年的计划经济向市场经济的过渡，以意识形态为中心的政治社会也逐渐过渡到以市场机制为中心的商品社会，高校校园文化也随之发生了改变。伴随着市场经济的逐步建立，主流文化中也建立了基于平等、自由、独立和竞争为核心的新型价值观，作为思想先驱阵营的高校校园文化，已经成为传播这些思想观念的中心和推动力量。

## 二、高校校园文化建设面临的挑战

### （一）对大学生的群体价值观的挑战

大学生作为一个特定的社会群体，他们在确定价值目标、进行价值判断和价值选择时都有着共同的认知。随着社会大发展和知识网络时代的冲击，大学生的群体价值观分化严重，这主要体现在主导价值观的导向作用不明显。

以历史唯物主义的视角来看，社会存在的变化必然导致社会意识形态的变化。当前中国社会处于社会转型期，"社会转型时期经济结构、政治结构和社会结构的深刻变化必然导致当前我国意识形态的变化。"作为意识形态的一个范畴，社会意识形态的变化也必然导致价值观的分化，反映当前社会意识形态变化的一个突出表现便是当代大学生的群体价值观呈现出严重分化的现象。我国由计划经济向市场经济转变，市场经济中的重效率和利益的原则以及人们行为中的趋利化倾向，西方国家在与我国发展经济贸易时不忘兜售它们的思想文化及价值观念，当前的高校大学生又处于世界观、价值观尚未完全形成的年龄段，这一切使得当前我国高校大学生群体价值观念日益多元化，呈现出严重分化的状态。

从宏观的层面来看，尽管马克思主义价值观以及社会主义核心价值观在高校大学生的价值观中依然占据着主导权，但这种主流的价值观却面对着以非主流意识形态为主的各种各样的价值观的越来越强烈的挑战，如坚持市场自由和反对国家干预的新自由主义的价值观、高度认同自我感觉的新实用主义的价值观、新儒学的价值观等都不同程度地对当前主流的意识形态及主流价值观造成了一定的挑战。

从微观的层面看，高校大学生的具体的个人价值观也存在着分化。高校大学生中既存在着传统的集体主义和利他主义的价值观，同时也存在着个人主义以及利己主义的价值观；既存在着传播社会正能量的积极价值观，也存在着阻碍个人进步的消极的价值观。总体上看，在价值观潜在的导向作用下，当代大学生中存在的多元化的价值观使得高校师生的思想观念和行为方式也呈现出分化现象，必然在某种程度上对高校的校园文化的建设产生不利的影响。

### （二）对社会语境的挑战

得益于经济全球化和现代通信技术的迅速发展，信息传播多样化的社会语境也开始形成。高校校园文化的建设在信息传播多样化的社会语境下，主要面临着以下挑战。

#### 1. 多元文化的冲突

伴随着改革开放政策的逐步深入和西方思想文化思潮的涌入，当前我们的社会正逐渐进入一个多元文化共存的时代。由于缺乏对世界文化和本民族文化的了解和认同，不具备跨文化的交流沟通能力，对各种各样的文化资源进行科学选择的能力又十分不足，高校大学生在多元文化的冲突碰撞中很容易迷失自己，容易陷入"价值虚无主义"。由此可见，多元文化的冲突不仅使高校大学生容易陷入价值评判的困境，而且还使高校大学生弱化了对高校校园文化建设的价值认同。

## 2. 社会负面现象的冲击

改革开放以来虽然我国经济建设取得了举世瞩目的成就，但当前我国依然处于社会主义初级阶段，在这样一个阶段，由于复杂的利益关系以及思想观念的多元化，社会上自然存在着一些负面现象。当前社会上存在的负面现象集中表现为"权钱交易、诚信丧失、享乐拜金主义、贫富分化严重"，这些负面现象一方面不断冲撞着社会的道德底线，影响着社会的和谐和稳定，另一方面对高校大学生的思想观念和行为方式也形成了巨大冲击，严重影响了高校校园文化的建设。具体来说，目前社会上的负面现象对高校校园文化建设的不良影响主要体现在以下两个方面。

首先，社会上的负面现象弱化了高校思想政治教育工作的有效性。长期以来，高校几乎全部都是用传统社会的正面和主流的例子来对对高校大学生进行思想政治教育，而对时下出现的一些负面现象和敏感问题往往保持沉默。当今的大学生处在网络化和信息化的时代，他们在获得负面新闻的速度和渠道方面比以往任何一个时代都具有优势，"这就使得课堂上所讲的理论、知识与现实情况相冲突，因而学生们对课堂上教师正面引导的内容表现出困惑，甚至持怀疑的态度，久而久之，就会对思想政治教育课产生一种抵触、排斥的心理"。

其次，社会负面现象对高校大学生的世界观和价值观产生了不良的影响。高校大学生正处于世界观和价值观形成的关键时期，他们的思想和心理相对比较单纯，缺乏理性分析社会负面现象的眼光，这就使得他们在一些社会负面现象面前容易产生偏激和片面的认识和看法，一旦他们对整个社会形成了偏激和片面的看法，他们便会对以往接受的主流价值观进行怀疑，甚至反抗，这就导致了部分高校学生形成了负面的世界观和价值观。

## 3. 文化建设的多样性和复杂性

多元文化并存的时代下，文化建设也呈现出多样性和复杂性的特征。随着我国由计划经济转向市场经济，伴随着市场经济而来的拜金主义文化，个人主义思潮也不可避免地传入到我国。尽管我国是一个社会主义国家，马克思主义文化和社会主义文化占据着文化建设的主导权，但是在全球化和信息化的影响下，一些非主流的文化也随着市场经济的建设获得进一步的发展，这就在客观上形成了"传统与现代、本土与外来"共存的文化建设的局面。在整个社会文化建设多样性的影响下，特别是在转型期的市场经济的影响下，集体主义和理想主义由于不符合市场经济的利益最大化原则，越来越不被市场经济下的当代大学生所认同，而个人主义和利己主义则在高校大学生的思想观念中泛滥开来。从某种程度上来说，社会文化建设的多样性和复杂性也是高校校园文化建设进入困境的一个因素。

### 4. 市场经济作用下教育的商业化运作

当前，在市场经济利益最大化这一原则的驱使下，教育的商业化运作倾向越来越明显。中国教育的商业化运作首先是从中小学的重点学院开始的，这些所谓的"重点学校"凭借其"生源好、师资力量强、升学率高"等优势大力创办以私人商业模式运行的分校，以获得这些学校的名利双收。最近几年，我国的大中专院校，特别是一些名牌院校也受中小学教育商业化思潮的影响，开办了大规模的以商业化模式运行的高校分校。教育的商业化运作一方面为更多适龄学子接受教育提供了更多机会，另一方面也使得"在中国现今教育体系下有钱人比普通人更有机会接受高质量的教育"，使得我国教育的公平性与公正性面临越来越大的挑战，而教育公平与公正性的丧失对当前高校校园文化的建设也产生着诸多不利影响。

教育的商业化对当前高校校园文化建设的不利影响主要表现在以下两个方面：首先，教育的商业化运作使得高校"教育爱"这一理念逐渐被忽视。"教育爱"这一理念的被忽视使得高校大学生在教育实践中普遍呈现出"爱的失落"的现状。在缺乏"教育爱"的大环境中，高校学生极易形成逆反心理，对社会主流道德以及价值观念也开始反抗。其次，教育的商业化运作使得部分高校学生形成拜金主义的不健康思想。在高校教育商业化的影响下，部分高校学生开始萌生出"金钱万能"的思想，在这种思想的指导下一些高校学生不再把主要精力放在学业上，而是想尽各种办法挣钱，有的甚至因此走向了违法犯罪的深渊。

### 5. 严峻的就业形势对素质教育造成压力

近些年，高校学生的就业问题逐渐成为全社会观众的焦点话题。伴随着改革开放政策的深入进行以及市场经济体制的不断完善，我国的高校大学生就业也不再实行计划经济制度下的"统包统分"，而符合现代市场经济趋势的高校学生与用人单位之间的"就业双向选择"制度日益得到社会的认可。高校就业制度的变化以及高校多年的持续扩招尽管为广大学生提供了更多接受高度教育的机会，却也使得大学生的就业形势日益严峻，高校大学生严峻的就业形势又对高校推进素质教育形成了巨大压力。在高校大学生整体严峻的就业形势下，为了提高大学生的就业率，部分高校在推进素质教育的过程中呈现出明显的"为就业的实用主义"倾向，在这种实用主义的导向下，高校大学生在日常的行为方式中出现了"重实用轻素质"的不良倾向。

更为严重的是，在这种"重实用轻素质"的实用主义的影响下，一些高校逐渐忽视了对大学生进行人文精神的熏陶与培养，这就使得不少大学生在理想信念与现实利益相冲突时，往往抛弃自己的理想和信念，以自我利益为中心，追求看得见摸得着的实惠，甚至形成了利益至上的处事原则。在这种利益至上的处事原则盛行的情况下，很难想象高校对大学生进行的素质教育时会出现什么好的效果。由此可见，高校严峻的就业形势不仅使高校学生形成了"重实用轻素质"的实用主义倾向，而且对高校的素质教育造成了不良影响。

## 三、高校校园文化建设的优秀成果借鉴

### （一）开拓校园文化建设新载体——记北京大学生电影节

北京大学生电影节诞生于 1993 年，每年度国内的第一个电影节，于 4—5 月举办，是经国家广电总局、教育部和北京市委批准的。每年，北京大学生电影节展映优秀的国产影片，以中国电影为载体积极推进校园文化建设。

大学生办、大学生看、大学生评是北京大学生电影节的最大特色，新时期"大学生拍"也是北京大学生电影节的一项特色。组委会鼓励大学生自主创作电影并允许作品参加电影节的评奖是从 2000 年开始的。电影节组委会的种种做法使大学生感受电影艺术魅力的同时也能知晓大学对中国电影的看法和愿望。电影节设置的最佳系列奖项以及第九届增设电视电影展播与评奖，都由大学生和专家组成的评委会评定。评委由专家评委和学生评委构成，而大学生评委又占据大部分席位，份额达到总评委人数的四分之三。此外，还有广大高校直接投票产生的最受大学生欢迎的导演、男演员、女演员奖三个奖项，这也是大学生电影节特有的奖项。这些奖项都会在闭幕颁奖晚会现场上隆重颁出。电影与高校校园文化建设相结合的新颖创举取得许多国际上的大学生电影节的密切关注，北京电影节的目光不再局限于国内。于 2011 年 4 月开始每年举办一次国际电影节。

北京师范大学以电影节为校园文化的新载体，创新高校校园文化建设的新路径，展示高校校园文化建设的新成果。高校通过举办电影艺术节建设校园文化，利用影展进行学术研讨在不知不觉之向高校学生普及了影视知识，真正做到了寓教于乐，集中业内专业人士对电影事业深入、全面的探讨和研究，继续推动高校校园文化建设又快又好地发展。高校通过举办电影艺术节，不仅培养学生的民族自豪感与责任心，更树立起了自己独特的文化品牌。

## （二）"学生公寓文化素质教育试验区"的实践与探索——西安工程大学

　　学生公寓是学生学习、生活和交流的重要场所，是一个不容忽视的教育阵地。为了创新文化载体，拓展育人平台，西安工程大学积极贯彻党的教育方针和政策，加强大学生文化素质教育，在临潼校区学生公寓建立了文化素质教育基地。学校在学生公寓文化素质教育试验区的建设中不断创新，逐步摸索形成了一套行之有效且适合自身特点的工作思路、工作方法与步骤，这就是"一项机制、二项标杆、三项引导、四星服务、五进公寓"的"一二三四五"公寓文化素质教育模式。如图 2-1 所示。

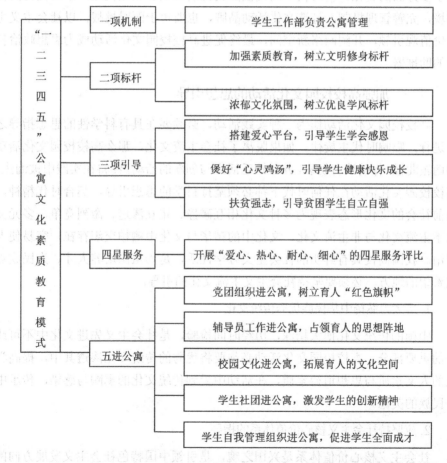

图 2-1　"一二三四五"公寓文化素质教育模式图

　　其中，在公寓内率先建立了自习室和阅览室，作为第二课堂的"补充 24 小时"开放，并且开通校园网，方便学生浏览图书资料、网上课堂和与任课老师之间的交流，为学生创造了良好的学习氛围，促进了良好学风的形成。

将校园文化建设的触角伸到学生公寓，正是体现了校园文化"润物细无声"的渗透作用，使得高校的校园文化建设不再显得刻意。无处不在的文化学习氛围彰显了学生公寓文化素质教育实验区对校园文化的宣传和感染作用，扩大了高校校园文化的影响力。

## 四、高校校园文化建设的发展对策分析

高校校园文化活动是新时代以文化人、以人育人的重要载体，成为培养当代大学生思想品德、人文情怀的重要渠道；同时，改革开放以来国内外形势发生了多方面的变化，新时代下高校校园文化活动既要抓住机遇，不断优化高校环境，完善管理机制，打造文化活动品牌，也要勇于面对挑战，以社会主义主流价值观引领，开阔网络新空间，最终促进高校校园文化活动成为思想政治教育的助推器。

### （一）加强高校校园文化活动的思想引导

高校校园文化活动作为一种实践活动，必须要在具有科学性的思想指导之下进行，唱响时代主旋律，如果脱离了社会主流文化，那么高校校园文化活动将南辕北辙、行动违背初衷，并且缺乏活力与创新的活动，终将在实践中被淘汰。高校校园文化活动在任何时代下都必须坚持科学的思想引导，契合时代精神。当前社会的文化形态表现为多种文化相互碰撞、相互渗透、激烈竞争，多元文化下主流文化与非主流文化、文化中的精华与文化中糟粕交织存在，容易使人混淆。我国高校具有鲜明的社会主义办学性质，是为祖国培养人才、为民族点燃希望的地方，必须要坚持社会主义主流文化的引导。

1. 应大力弘扬中华民族优秀传统文化

中国的传统文化博大精深，历经时间检验，是社会主义先进文化中不可或缺的重要部分，高校校园文化活动必须要将优秀的传统文化渗透其中，提高学生的人文素质与思想道德素质，在活动中受到传统文化的熏陶与感染，传承中华民族的美德。

2. 应坚持社会主义核心价值体系的指导

社会主义核心价值体系是兴国之魂，是引领中国特色社会主义发展方向的路标。它包含着四个方面的基本内容，即马克思主义指导思想、中国特色社会主义共同理想、以爱国主义为核心的民族精神和以改革创新为核心的时代精神、社会主义荣辱观。在如何应对多元化思潮的现实问题上，社会主义核心价值体

系肩负着引领思潮、唱响主旋律的根本性指导作用。高校校园文化活动在目标的设计、实践的环节中，要加强大学生的爱国主义、集体主义与社会主义教育，通过活动，使学生在实践中深刻理解爱国主义的含义，产生强烈的爱国情怀，增强学生对民族的自豪感，并将这种爱国情怀转变为爱国行动，由内而外自觉地指导大学生的行为。

3. 应帮助大学生坚持用马克思主义的理论去指导实践

马克思主义是中国特色社会主义社会的灵魂，因此高校校园文化活动应坚持马克思主义的主导地位，用科学的理论去武装行动，用马克思主义的世界观和方法论来研究校园文化活动的规律与现象，在文化活动中旗帜鲜明地宣扬积极先进的文化，毫不犹豫地摒弃消极落后的文化。坚持实事求是，结合校园特色，把握大学生的思想状态；坚持发展的观点，辩证评价当前校园文化活动的不足与成就。在校园文化活动的实践中总结经验，创新方法，寻找新角度，增强高校校园文化活动的创造力。

## （二）建设良好的高校校园文化活动环境

高校校园文化活动不是一个可以孤立存在与开展的活动，它与校园环境的方方面面都有紧密的联系，它们之间存在相互影响、相互作用的正效应关系。正是独特的校园文化环境，才打造出独具一格的校园特色，设计出丰富多彩的文化活动。如果一所大学没有良好的外部环境为活动提供良好的平台，那么优秀的校园文化活动便无从提起。高校校园文化活动应充分挖掘校园环境中的一切有利资源，将其融入活动之中，增强活动的吸引力，丰富活动的思想性与教育性。

### 1. 充分利用校园物质环境

物质环境是校园中一切"文化载体"的集合，表现为一切客观存在的硬件设施等文化环境和物质形态的自然文化环境，是影响在校师生生活、学习与工作的一切物质条件的集合。硬件设施的环境是通过一些看得见、摸得着的客观存在物体现出来的，比如学校的教学楼、办公楼、学生宿舍、学生活动中心、体育场、宣传栏等。自然环境是物质环境中通过"人化"改造过后的自然文化景观，它也是校园文化活动中必不可少的基本条件，通过美化与绿化营造一种愉悦的身心体验环境，它包括校园的树木环境、花卉环境、草地环境、水环境以及刻有名人名言的石碑和先进人物的雕塑等。

国内许多高校都建立了代表性人物建筑，如华中师范大学的恽代英雕像和广场、西南政法大学的刘少奇雕塑、武汉大学的张之洞雕塑等。首先，营造高校物质环境本身就是一种活动，这些活动中包含着一些师生参与其中，因此，高校校园文化活动应积极参与校容校貌的建设，多设计有利于校园环境整体优化的活动，通过校园文化活动来提高物质环境的整体质量，打造具有美、雅、清、静的物质文化活动环境，同时通过活动打造校园特色物质环境，反过来又影响文化活动。其次，高校校园文化活动需要充分利用这些物质环境为载体，为活动提供丰富多彩的场所，挖掘其中包含的严谨宽容的学术情怀、积极向上的人生态度、审慎辩证的理性精神，潜移默化地影响师生，促进师生在活动中将校园精神内化于心。

### 2. 深化校园精神环境内涵

精神文化环境在高校校园文化活动中起着核心的作用，是活动的灵魂与根本，它对文化活动起着制约和引导的功能。而一所高校展现出来的精神风貌与学校的办学理念有着紧密的关系，所谓教学理念，"是指自己学校的定性、定位及职能的认识。即要把这所学校办成什么样的学校，怎样办成这样的学校。办学理念对办学起着定向的作用，这对学校的发展是至关重要的。"因此，办学理念体现出来的精神文化环境包括在校师生的价值观念、思想道德、人文情怀、学术态度、工作作风等，同时又通过师生的行为规范、精神面貌、校园风气等形式表现出来，其中包括学校在长期办学实践中形成的校园特色，又富有时代要求的校园风气——校风，校风是全校师生成员相似且稳固的行为准则和精神面貌，是一所学校独特的占主要地位的行为习惯和群体风尚，通过特殊的心理环境展示出来，它稳定且具有导向性：学校教师的教学方式、教学理念、教学态度、教学目标等形成了总体教学系统——教风；师生进行科学研究、理论探讨所形成的学术态度、学术方法、学术成果的整体氛围——学风；学生的班级中形成的积极向上的活泼氛围、和谐的人际关系、规范严格的班级管理制度等——班风。这些校园精神文化环境都是高校校园文化活动的精神依托，贯穿于活动的全过程，因此高校应该重视校园精神文化环境的建设，培养师生正确的政治倾向、价值观念、理想追求，同时提高师生的审美情趣、艺术鉴赏、道德评价，为校园文化活动创造和谐的校园环境，增强文化活动的实效性。

以华中师范大学为例，该校秉承"忠诚博雅、朴实刚毅"的校训，精心培育和大力弘扬校园爱心文化，其中最具有典范意义的活动是"桂苑之歌"，参与"桂苑之歌"的学生需花 2 元的爱心入场券，然后将爱心券的资金成立"桂苑之歌"爱心助困基金，每年可以资助 60 多名在校家庭贫困生、品学兼优的大学生。通过诸如此类的活动，不仅在学校内使爱的理念深深扎根于每一个人心中，而且通过一批又一批的学生，将华中师范大学博爱的精神传递到社会更广泛的领域。

### 3.完善校园制度环境

"学校制度文化是在核心文化的引领下，体现以人为本办学理念，尊重人的成长规律和教育内在规律，实现激励与约束双重效能的一整套章程、规章、制度的综合，为构建团结合作、平等互动、追求进步的学习型发展团队，建设师生共同的精神家园，促进和谐校园建设与健全人格培育，促进学校文化品牌的形成与提升，发挥约束、导向和保障的作用。"校园制度环境是高校根据自身办学条件，依据社会对大学发展的客观要求，为了达到一定的教学目标，对全校师生的行为规范、理想信念而制定的，以文字形态表达的规章制度与条文的环境，在这一环境下，高校全员都要共同遵守与执行这种规则文化。它既是物质环境的执行标准，也是精神环境的产物，包括学校的校训校规、条例章程、明细法则等，这为高校的正常运转，维护校园基本秩序、规范师生行为作风提供了客观标准，同时也是校园文化活动的支撑与保障系统。高校校园文化活动本身是一种规范性、目的性明确的实践，这与校园制度环境组织性与秩序性的特点不谋而合，因此高校要不断完善校园制度环境，拥有一套规范、科学而严格的组织纪律和规范制度，才能不断提升校园文化活动的质量，为校园文化活动保驾护航。

### 4.引领校园行为文化环境

高校行为文化是"在大学系统中长期形成的、并通过大学各主体的行为活动而展示出来的文化形态的总和"。校园行为文化环境是高校成员在一定的物质文化环境、精神文化环境和制度文化环境共同作用下的综合外在表现，它本身就包含着校园物质文化的建设，校园精神文化的传承与创造以及校园规章制度的制定与运作。校园行为文化环境是高校最活跃、最直接的动态形式，其中就包括校园文化活动这一方面，因此需要通过对师生的行为规范、生活方式和工作学习进行引导，达到育人的目标，提高学生辨别是非的判断能力，使校园整体形成活泼有序、积极健康、高尚从容的行为文化环境，为高校校园文化活动提供行动上的示范，增强高校校园文化活动的吸引力。

## （三）构建高校校园文化活动的管理机制

新时代下高校校园文化活动在发展途径上的探索必然是继承与创新的结合，在以往经验的基础上不断寻找高校校园文化活动的管理体制与机制。高校校园文化活动作为校园文化建设的一个重要方面，除了遵守校园整体规章制度以外，还需要有单独与之相应的明细准则来管理高校校园文化活动，从而形成一套完善的校园文化活动章程，从方方面面规范活动，为活动顺利有序地开展提供完善的体制机制。

### 1. 加大资源的投入力度

第一，加大对高校校园文化活动物质资源的投入力度。高校校园文化活动需要一定的活动场所设施和人力投入，因此高校需要重视文化活动建设，从人力、物力和财力几方面加大对文化活动的支持，给文化活动提供一个相对宽松的环境，使文化活动能常规化、延续性和有效性地开展。

第二，要整合高校上下资源，形成校园文化活动齐抓共管的局面。校园文化活动的开展是学校进行人才培养的重要方面，是校园内部系统工程，需要校园的政、党、工、团、学共同建设，因此，高校校园文化活动需要注意上下资源的整合，形成合力，最大限度地挖掘和发挥各方资源，保证校园文化活动的健康发展。

### 2. 完善现代大学管理体制

随着我国高等教育的不断发展，大学管理制度愈加完善，在教育发展中，更加注重学生的中心地位。众所周知，学生是校园内部最庞大的组成部分，学校的一切教学与管理，都是围绕学生的发展而开展，是教育的主要对象。高校校园文化活动也是如此，虽然在不同的文化活动中，学生起着不同的作用或者担任不同的角色，或是活动的组织者或是活动的受众者，但是活动目标最后都会落脚到学生这一群体。如果离开了学生这一主体，那么文化活动的教育意义也就无从谈起。同时文化活动的顺利开展以及实效性都离不开学生的积极性与主动性，只有学生能积极参与到文化活动的建设之中，那么文化活动才能有的放矢，使学生在活动中受到熏陶与感染，接受正向的外部文化刺激，最后内化于心，外显于行，达到校园文化活动的目的。

第一，高校校园文化活动要坚持以人为本。对于校园文化活动，大学生必然有自身的需求，校园文化活动就需要综合全方位的了解学生的发展需求与成长问题，围绕大学生身心发展规律，结合大学生的心理生理和社会特征，有针对性地、有普遍性地设计文化活动主题，及时满足学生发展需求，解答成长路上的疑惑。同时也要通过校园文化活动纠正学生群体中的不良风气，培养学生的高雅情操，这就体现在校园文化活动一方面要以学生的需求为中心，但是也要时刻把握这些需求合不合理，是否健康。因此，高校校园文化活动在坚持以人为本的前提下，把握好高雅文化活动与通俗文化活动的比例，设计一些常规化的高雅文化活动，潜移默化地影响学生，使他们自觉规避不良爱好，使学生在紧张浓厚的学术之余去感受文化的韵味以及追求高雅情操的乐趣。原创舞剧《桂花魂》为献礼华中师范大学110周年校庆而全新创作的艺术文化作品，是全国首部由高校师生自己完成、反映教育题材的舞剧，以独特的艺术形式展现华中师范大学的不朽师魂。《桂花魂》不仅引起了新闻媒体界的轰动，新华网、中国日报网、网易新闻、武汉晚报等多家媒体都进行了报道，更是陶冶了在校师生的情操，让高雅艺术的氛围浸染着校园，打造华师又一精品文化名片。

第二，要坚持服务育人，完善学生参与制度。坚持服务育人就是坚持学生在文化活动中的主导地位，教师应放手大胆让学生自我组织，反对教师事事干涉，时时干涉，更反对领导或老师利用威严强制性地要求学生，从而为学生的自由发挥提供更宽松的外部环境。校园文化活动作为一种实践活动，是学生进行自我展示的最好的舞台。通过参与活动，学生可以将课堂上学到的知识运用其中，将吸收的才华体现到其中，同时也能通过校园文化活动反映学生对于现实生活的价值观念及生活态度有利于提高学生解决实际问题的能力，培养学生的个性与创新思想，营造和谐的人际环境。因此，高校校园文化活动应该为学生提供舞台，热情鼓励学生参与到校园文化活动的全过程，教师及学校领导管理但不管制，引导但不主导，充分发挥学生自我教育、自我管理和自我发展的主观能动性，在丰富多样的校园文化活动中使学生增强自身综合实力，达到文化活动增知识、长才干、提修为、树新风的育人目的。

第三，把握设计、实施、评价各个环节，完善活动激励机制。高校校园文化活动涉及各个过程、各个方面，参与主体具有多样性和广泛性的特点。除此之外，文化活动并不是学校的领导、教师或者学生的一个随心所欲的想法，而是建立在科学方法支撑之下，有计划、有组织、有目的的活动，因此，高校校园文化活动需要有一套行之有效的规章体系保障活动的实效性，落实到设计、实施、评价各个环节。首先，高校领导者作为高校校园文化活动建设最顶层的规划者、组织者和指挥者，要从全局的角度把握校园文化活动的大方向，使校园文化活动整体顺应时代主题与文化主流，同时又要彰显校园特色，发挥校园特长。其次，"要充分发挥党委办公室、团委办公室以及学生组织在校园文化建设中的重要作用"。这就要求学校高层首先要具备较高的政治素养，加强领导集体的文化素质和思想道德素质，不断提升业务能力和决策力。同时，学校领导与教师应深入研究校园发展历程，综合校园各方面情况，找到一条适合学校发展的道路，为校园文化活动的主题提供突破口和素材，设计出更多的高价值、高品位的精品文化活动主题。

### （四）加强高校校园文化活动的网络建设

随着以大数据技术支撑的网络时代的到来，网络逐渐深入到生活的方方面面，对高校师生的生活、学习、工作、研究、娱乐等产生前所未有的变革，同时也冲击着他们的价值观念、思想态度和行为习惯等，这对高校来说既是不可多得的机遇同时也是一个巨大的挑战。随之兴起的网络文化也成为社会文化中的重要部分，但是网络文化鱼龙混杂，泥沙俱下，精华与糟粕共存，高校能否抓住机遇，利用网络发展教育，对高校自身发展有着转折性的意义。2004 年教育部、团中央联合下发 16 号文件《关于加强和改进高等学校校园文化建设的意见》里中突出强调了新媒体在校园文化发展中的重要地位，高校应该积极挖掘校园文化发展的途径，主动把握校园文化建设的主动权，打造校园文化发展新阵营。因此，高校校园文化活动作为文化载体，在这个过程中扮演着重要角色，同时，高校校园文化活动也应与时俱进，利用这一渠道打开文化活动新局面。

1. 开展形式多样的校园文化网络活动

网络对高校校园文化活动的影响是把双刃剑，高校在面对网络冲击的同时，应积极研究，趋利避害，充分重视网络文化活动对大学生健康发展的重要性，积极掌握校园文化活动在网络建设中的主动权，大力构建具有社会主义高校鲜明旗帜的网络文化活动，借助"网络的魅力"，以"崭新的信息和技术平台"推动高校校园文化活动的创新。首先，充分挖掘校园优秀历史传统与优秀校友事迹，比如开展网络征文、主题文化摄影等活动，鼓励学生去探索校园历史传统，感知优秀校友精神，陶冶学生的情操与情怀，提升学生的审美和品德。其次，通过新科技手段开展校园文化活动，比如微直播、主题宣传片等，学生在制作或观看的过程中，潜移默化的接受信息，"对于高校而言，校园文化活动微直播是一种新媒体态势下，校园文化的新传播方式，是对以往高校校园文化活动传播的一种改造升级，促使高校从以往只重视文化活动本身，转变为文化活动与传播效果并重"。

由此可以看出，网络时代下高校校园文化活动大有可为，必须充分运用一切条件为高校校园文化活动注入活力。例如，华中师范大学开展的"中国大学生计算机设计大赛"文化活动、"I 时代，I 校园新媒体创意大赛"文化活动、计算机学院"科学文化节"，重庆大学前锋网络文化工作室，福建医科大学借助微信设置"微"首页、规划出《微观福医》时尚微信报、成立"V-LIFE"俱乐部。

2. 加强高校校园文化活动的网络化管理

高校校园文化活动的主要管理与限制在于学校领导及相关人员，学校党委、团委、宣传部门等相关方应联合起来一起营造高校网络管理的健康环境。

第一，营造校园和谐网络文化环境，为高校校园文化活动扫清障碍。高校校园文化活动需要在一个正向、公开、健康的网络文化环境之下开展，这就需要高校建立一个比较完善的网络管理制度。

第二，高校应在校园网络中加强社会主义主流文化及主流价值的宣传，结合学生的生活、学习实际，积极开设符合学生特点的红色网站、公共服务志愿网站、优秀校友事迹专栏等，撰写向上的、富有正面价值的文章，引导校园文化整体风尚，用社会主义核心价值体系占领网络阵地，使学生在潜移默化中得到熏陶与学习，为高校校园文化活动的顺利开展，打下坚实的思想基础和营造目标一致的环境氛围。

第三，加强高校校园文化活动网络管理队伍的建设。随着微信、微博等社交媒体平台的广泛运用，学生越来越依赖这些媒体获取信息，校园文化活动的相关信息公布、收集等都不可能避开网络这个重要的渠道，加强对文化管理队伍的建设，对于高校校园文化活动能否顺利开展至关重要。文化活动管理队伍需要有专门的负责人员和技术人员，一方面要求加强文化活动网络管理人员的政治和理论培训，提高他们的思想觉悟、道德品质与理论水平，从而使网络文化建设水平有全面的提高，促进更加生动繁荣的校园文化活动；另一方面应重视校园文化活动的网络宣传。高校校园文化活动目的在于提高师生的思想境界，帮助师生形成健康的人格，陶冶情操。同时，高校校园文化活动也是高校自身的"明信片"。学生能否及时了解校园文化活动情况，接受文化活动的信息，这张"明信片"能否传递出校园独特的魅力，关键还在于师生能否有效地触及；而随着网络技术的不断发展，师生越来越多地通过网络平台了解资讯，查看信息。因此，高校校园文化活动必须要加强网络宣传，将文化活动的相关信息或者思想理念及时高效地传递给师生。

3. 加强高校之间文化活动的交流与借鉴

一个国家不能故步自封，墨守成规，否则便会被时代所淘汰。国家尚且如此，高校也不例外。一所好的学校绝不是仅仅关起门来就能发展得好，它总是需要与各高校进行学术、文化等方面的交流与学习，在借鉴中不断创新、发展和完善。随着科学技术的日益发展，网络媒介为高校之间交流提供了非常便利的平台，促进了高校校园文化活动方式与活动内容的交流，从时间和空间上拓宽了高校校园文化活动的渠道与方式。传统的品牌文化活动的推广，一般采取校刊校报、书报栏等形式，仅限于校园内推广与宣传，影响范围非常有限。但是随着网络媒体的出现，微博、微信、校园论坛等极大地扩宽了文化活动的影响面，使文化活动的价值观念得到充分的传播，各高校之间可以通过网络进行交流与学习，从而使好的文化活动得到大力推广，有利于在全国高校中形成连锁反应，促进大学生素质的不断提高。

### （五）提升高校校园文化活动的品牌价值

高校是培养大学生的综合性教育场所，学校通过课堂教学、实践活动来开展教育活动，而校园文化活动则是实践活动中最具有文化动态性的表现形式。为了促进学生德智体美劳各个方面的发展，高校校园文化活动通过设计具有针对性的文化活动来达到目的。高校品牌文化活动就是在校园文化建设中形成的成果化建设，是校园文化个性化活动的产物，具有一所高校特定的文化底蕴和识别意义。拥有一定的自主、自治的权力是各大学形成自己特色，避免面目相似、整齐划一的前提条件，只有这样，大学才能在较少地受到外界非正常的直接干预下，充分发挥自己的优势。

打造高校品牌文化活动，首先有利于从整体上形成良好风尚，引领高校其他活动的先进性和文化性，从而促进高校文化活动水平格调的提高，提升活动的质量，扩大活动的内外辐射和吸引力。其次由于高校品牌文化活动具有高识别度、美誉度和普及度，在校园内广为师生所知晓，因此品牌文化活动所体现的大学精神导向、所传达的大学价值观念、所展现的大学文化特色都能对广大师生产生持久和深刻的影响，像磁场一样吸引师生参与。同时品牌文化活动可以极大地提高高校的辨识度。如今全国高校数量众多，校园文化活动更是不计其数，要想在众多活动中脱颖而出，必须要打造品牌文化活动，突出校园优势，从而增强高校自身的综合实力。归纳其主要方法如下。

①提高认识，增强打造高校品牌文化活动的意识。当前高校竞争日渐激烈，各个高校人才辈出，要在众多文化活动中脱颖而出，寻找校园特色和提升校园知名度，就必须充分意识到建设校园特色文化活动，打造品牌活动的重要性。但是，打造校园品牌文化活动并不是学校某个领导者或者部门的责任，需要全校师生共同参与，出谋划策，特别是要激发当代大学生群体的主动意识。该群体思想前卫，具有开放性和活跃性，更应该激发其主人翁意识，使其积极参与到校园品牌文化活动的设计与建设中来。

②准确定位，打造高校品牌文化活动打造高校品牌文化活动，需要对高校自身的文化特色有清晰的认识，了解和分析师生与社会的需求，结合校园特色、

地域文化、社会需求，以建设适应学校环境的品牌文化活动。高校需要明确定位，找到自身特色及优势。高校特色是在历史发展和办学过程中所形成具有比较稳定的气质，呈现出开放性和多元性。每所学校有不同的办学宗旨、价值导向、办学目标、历史传统、特色学科，因此才形成了各具特色的校园文化特质和文化氛围，体现在师生身上则有不同的文化印记，比如有"北大人""清华人""华师桂子"等不同校园文化风格。这是一所高校区别于其他学校的标识，体现出高校文化活动建设中的差异性，正是这种差异性体现了高校文化活动的特色，是校园品牌文化活动的本质与核心。打造品牌文化活动，需要紧密结合高校优势及特点，将学校历史文化传统与特色学科领域结合起来，提升品牌文化活动品质，充分实现文化育人的目的。

③树立形象，升华高校品牌文化活动价值。一个优秀的高校校园文化活动必定是凝聚了校园自身精神与中华民族优秀传统的价值理念。

首先，树立形象，升华文化活动品质，要体现大学文化精神，这种大学文化精神是由全体师生在长期的实践活动中所沉淀、整合和提炼出来的一种具有积极意义的价值取向和精神理念，是校园文化中核心和本质的部分。将校园文化精神融入到校园文化活动中，可以突显出大学的独特精神气质，树立与众不同的校园形象，有利于品牌活动的打造与创新。

其次，大学精神文化受到师生和社会大众广泛的认可与赞誉，扩大校园影响力，从而也间接地扩大了品牌文化活动的知名度。

最后，打造品牌文化活动，还需要体现中华民族优秀传统，升华活动价值。不同的国家有不同的文化特色，一个优秀的品牌文化活动，除了要体现出校园精神与文化，还需要体现出本民族的优秀传统，只有如此，文化活动才能有源源不断的价值源泉，才能适应社会，顺应潮流。中华文化博大精深，蕴含着丰富的人文思想和价值理念，这些观念都应该体现在品牌文化活动中，如果一味地追求西方世界的价值观念，而忽视传统精神文化的渗透，那么品牌文化活动便得不到大众的支持和认同，文化品牌活动便失去了发展的基础。

# 第三章 高校校园文化建设的理论建构

校园文化是一个高校重要的"软实力"，高校的生存和发展离不开校园文化，高校的办学实力和竞争力也来源其校园文化。在深化教育改革的实践背景下，要从适应当地经济社会发展的高素质专业人才需求出发，深入分析校园文化建设的实质和策略，以提供启示，为当前校园文化建设和人才培养提供参考。本章分为高校校园文化的理论定位、高校校园文化的构成因素、高校校园文化的实践功能、高校校园文化的深刻影响四部分。主要内容包括：马克思、恩格斯关于文化的思想，马克思、恩格斯关于人的全面发展理论，物质文化、精神文化、制度文化、行为文化等方面。

## 第一节 高校校园文化的理论定位

### 一、马克思恩格斯关于文化的思想

在马克思、恩格斯的相关著作中虽然没有对文化进行专门的阐述，但是他们对文化也有着深刻的理解，将文化与人的发展和人类社会发展紧密结合。

一方面，文化是人的本质存在，文化进步推动社会的发展。恩格斯指出"文化上的每一个进步，都是迈向自由的一步。"他们认为，文化与人紧密相关，文化以人为主体，文化是人的本质存在。人能创造文化，文化对人也有反作用，也能塑造人，为人的发展提供动力，进而推动社会的发展进步。马克思、恩格斯关于文化的思想是高校建设校园文化的思想基础，高校在长期的发展中不断积淀形成校园文化，校园文化在潜移默化之中塑造了学生的品格，促进学生的全面发展。校园文化是中国特色社会主义文化的重要组成部分，校园文化的发展、进步对中国特色社会主义文化的发展具有一定的推动意义。

另一方面，人的精神动力推动文化发展。恩格斯认为，人的意识来源于人脑的机能，人脑产生的思想、动机、意志等精神因素是推动人行动的精神动力。

文化是人的本质存在，人的一切实践活动都是一种文化实践，人的精神动力推动生产实践的发展，也就是推动文化的发展。人的精神动力是文化发展的动力之源。马克思、恩格斯关于人的精神动力推动文化发展的相关思想，为高校文化的发展提供了理论基础。高校加强校园文化建设，开展精神文化建设活动，不仅能够推动高校校园文化的健康开展，而且还能在潜移默化之中影响学生的精神世界，满足学生的精神需求，提供精神动力，塑造学生的高尚品德，进而推动校园文化的健康发展。因此，马克思、恩格斯关于文化的思想为高校校园建设提供了坚实的理论基础。

## 二、马克思、恩格斯关于人的全面发展理论

马克思、恩格斯指明了社会发展的一般规律，只有当社会生产力高度发展，人的本身才能得到充分释放，未来社会的实现才变得有意义。新时代，社会经济发展繁荣，为人们的生活提供了较好的物质条件，在这样的条件下人们容易得到全面的发展，同样人们的发展进步也会推动社会的进步。全面发展，主要是指人的各种需要、素质、能力、活动、关系的整体发展。人的全面发展是人类文明及其延续的客观要求，是社会生产和生活进步的需要，是社会主义社会文明与进步的重要标志。在马克思、恩格斯关于人的全面发展理论的指导下，高校坚持学生全面发展的原则。高校大学生是国家的栋梁，是建设未来国家的顶梁柱，肩负着实现中华民族复兴的伟大历史使命，顺应时代的要求，利用所有的有利条件，向着德智体美全面发展，推动社会文明的进步与发展。

在现有的社会环境下，高校利用一切教育资源，开展校园文化建设活动，同学们在参与文化活动和受到文化活动熏陶的过程中提高综合素质、完善品德修养。高校将大学生培育成为优秀的新时代青年，表明了社会文明的不断进步。高校立德树人的教育理念就是以马克思全面发展理论为科学理论指导的教育理念，注重学生的全面发展。在社会主义市场经济迅速发展的时期，一些高校专注于学生科学知识和专业能力的培养，轻视了学生的全面发展。因此，校园文化建设要基于立德树人的理念，以马克思的全面发展理论为指导。校园文化建设坚持立德树人的理念，不仅是社会发展进步的需要，也是对马克思科学社会主义理论的继承和发展。

## 三、中国共产党人关于校园文化的思想

1957年，伟大的马克思主义者、战略家、理论家毛泽东同志在《正确处理人民内部矛盾的问题》中说："我们的教育方针，应该使受教者在德育、智育、

体育几方面都得到发展,成为有社会主义觉悟的有文化的劳动者"为当时教育的发展指明了方向。当时的社会处于建设新中国初期,大部分劳动者对社会主义的认识不足,文化水平较低,因此国家政策力求培养劳动者的社会主义觉悟和提高文化水平,这也为后期中国教育事业的发展奠定了基础。毛泽东同志的教育思想也体现了立德树人的教育内涵,为当时人才的培养提供了思想指导。

到了20世纪80年代校园文化发展空前活跃,国家越来越重视校园文化建设的发展。20世纪90年代以来,我们党对"培养什么样的人、怎么培养人"的认识随着实践的发展不断提升和深化,党的十七大提出:"要全面贯彻党的教育方针,坚持育人为本、德育为先,实施素质教育,提高教育现代化水平,培养德智体美全面发展的社会主义建设者和接班人,办好人民满意的教育。"随着时代的进步,国家整体实力的提高,国家越来越重视人才的培养,对高校人才培养提出了具体的要求,要求高校培养德智体美全面发展的社会主义建设者和接班人,高校开展校园文化有利于促进学生的全面发展。习近平新时代中国特色社会主义思想中容纳了很多关于校园文化建设和立德树人的思想,明确了新时代高校校园文化建设的发展方向。

以习近平同志为核心的党中央在"三个自信"的基础上提出了第四个自信——文化自信,明确地将"文化自信"列为新时代所要坚守的基本精神原则之一。文化自信源于优秀的中华文化和民族精神,提升大学生文化自信,要将传统文化融入校园文化建设。

习近平还在很多重要的讲话中指出:"文化是一个国家、一个民族的灵魂。"校园文化便是一所高校的灵魂,高校要注重建设校园文化,坚持正确的方向,在弘扬和传承传统文化的过程中要与时俱进、不断创新,为大学生全面发展营造良好的文化氛围。大学生是建设社会主义现代化强国的后备力量,高校是培养大学生成长成才的重要阵地,高校在人才培养过程中要坚定文化自信,提升大学生的文化自信是高校校园文化建设的指引。

中共中央、国务院《关于进一步加强和改进大学生思想政治教育的意见》明确了校园文化的育人功能,不同的学校有不同的文化特色,高校进行文化建设要结合时代特征并且突出自身特点,形成独具特色的文化氛围,于无形中激励学生奋进。高校育人的根本任务就是立德树人,校园文化建设更是要始终坚持落实立德树人的根本任务,广泛开展形式多样、健康向上、格调高雅的校园文化活动,用健康向上的校园文化感染学生,提升学生的道德情操。总之,中国共产党人关于校园文化和人才培养的相关思想为高校校园文化建设的研究提供了理论指导。

# 第二节 高校校园文化的构成因素

从不同角度、按不同标准，可以对高校校园文化进行不同分类。在众多分类的方法中，被广泛采用的是以文化现象的存在形态来对校园文化进行分类的。从这个角度，高校校园文化可以分为物质文化、精神文化、制度文化和行为文化四个方面。

## 一、物质文化

高校校园物质文化包括两方面：一是硬件设施，既包括教学、科研、生活、设备、设施、建筑物等，也包括根据一定的目的去特意布置或创造出来的、赋予其特定文化内涵、体现一个学校办学理念和特色的自然和人文环境，对广大师生、员工产生潜移默化的教育作用，主要包括校园美化绿化，校园景观、标志性建筑、新闻橱窗、板报专栏等。二是软件设施，相对于硬件设施是看得见、摸得着的外显办学条件，软件设施主要包括师资力量、学科专业设置等内隐的教学条件，两者共同构成完整意义上的校园物质文化。由于"物质本身并不是文化，而这些物质的文化蕴含在于这些物质都是由人创造的，是人们的精神世界的对象化的物化，任何人造物上都蕴含着人们的某些思想、情感等精神内容"。因此，校园物质文化是校园文化的基础和外在标志，发挥基础性的作用。

## 二、精神文化

精神文化，即精神层面的校园文化，是指学校所具有的办学理念、思想信念、价值倾向、精神产品、道德水平等精神财富。它是校园文化的核心和灵魂，集中反映一个学校的特殊本质、个性及精神面貌，体现学校的办学宗旨、培养目标及其独特风格，是文化最深层的东西。在校园文化建设中，一定要发掘学校的优良传统，培养良好风尚。同时，我们还应该认识到，高校作为进行社会化教育和培育国家中高级人才的重要场所，一方面要有独立精神，包括独立地反思、批判与实践，而不能人云亦云、随波逐流；另一方面要有创新精神，推陈出新，大胆实践，更新观念，优化教育。

## 三、制度文化

任何一个组织要实现自己的管理目标都需要一定的管理制度作保障。高校校园制度是指高校在长期办学实践中，为维护高校正常的学习、工作、生活秩序，规范师生和广大员工行为而制定的各项规章制度的总和，是学校培养目标的规范化标准。它是以校园制度体系为依托所形成的，反映高校组织形式、管理模式等方面内容的文化系统。制度文化建设是校园文化建设的框架，它对校园文化起到重要的约束和导向作用，既能使管理步入法制化的轨道，又能营造一种促进学生自然成长的理想化氛围。教育与管理互为表里，没有明确的规章制度，教育的要求就会空泛无力。

因此，我们的思想政治工作除了强调要"晓之以理，动之以情"之外，还应该增加一个"约定以规"。实践证明，建立完善的制度文化体系，能够保障校园文化正常有序地发展。需要注意的是，高校的规章制度要体现民主性，充分体现人与学校的和谐，使组织中的成员尽可能发挥出生命潜力，进而使校园文化得到全方位建设，让师生更加信任学校，与学校合为一体。

## 四、行为文化

### （一）校园行为文化的界定

文化是人类在社会历史过程中创造的物质财富和精神财富的总和。无论是器物文化还是制度文化，都是与其背后的观念融合在一起才被称为文化的。文化渗入并体现于行为，因而行为文化理应"形""神"兼备，是外在所作所为和内在思维精神的相得益彰。活动是校园生活的实质，也是行为文化的主要载体。"形""神"的结合点和释放点就是活动，所以校园行为文化可以看成是师生和广大员工在校内的各种活动中形成的较为稳定的行为方式及所反映出的群体精神、价值观念和道德观念。

### （二）校园行为文化的特征

从形成原因、呈现方式和发展阶段的角度分析，校园行为文化具有以下三个特点。

1. 实践性

行为方式是思维方式的外化，而思维方式依赖于人们在"做"和"认识"中形成。因而，在同一个定域中，用实践活动锤炼文化，对于群体思维方式的形成，进而显现为相对稳定的行为方式很有必要。这也就是行为文化的实践性特征。通常所谓的"一校一品""一校一特色"，并不只是停留在语言"言说"之上，而是彰显于学校特有的活动之中。因此，校园行为文化就是以活动为方式的一种实践文化，离开了实践，其生成与发展将不复存在。

## 2.综合性

行为和精神并重决定了校园行为文化的综合性。这种综合不仅体现在概念内核的建构上，也体现在外延的范畴中。校园生活丰富多彩，因而师生所担任的角色也就具有了多样性。即便只从事某一项活动，也会因活动板块和阶段的目的要求不同而造就不同的行为。就拿上课来说，学生会同时充当思考者、操作者、合作者、发言者、听众等角色，也就会呈现出不同的行为状态。所以校园行为是一种综合的系列行为。从行为产生的机制看，师生行为的动力既源于自我实现的需求或精神的引领，又来自道德的约束或制度的规范。自发需求与道德约束、制度规范与精神引领，自然而然地综合并统一在行为之中。

## 3.主体性

校园行为文化会经历有意识、半有意识和无意识三个阶段。在有意识阶段，行为被建立在个体对制度与规则的顺应上，这是行为文化的初级阶段；半有意识阶段，由于对精神及价值的认同感已经建立，行为习惯逐渐养成，因而个体主动监督和调节自身行为的频率逐渐减少，行为文化也步入了发展阶段；到了无意识阶段，主体观念与群体精神价值之间达到了高度的一致，无须刻意控制，行为便已合乎规范，制度和精神成了自然而然的生活需要。无意识行为的形成，是校园行为文化成熟阶段的重要标志。因此，校园行为文化的主体性，不仅体现在主体主动投身行为文化的实践和建设上，而且体现在文化传承的自觉性上，他们自觉地接受先进思想、良好文化的熏陶，不断地认识自己、反省自己、解剖自己、强化自己。

## （三）影响校园行为文化的因素

社会对人才的需求决定了学校的培养目标，制约了校园行为文化的价值取向。除社会主流文化外，校本因素影响着校园行为文化运行的层次和效果。

## 1.学校传统和办学理念

学校自身的传统文化总能或多或少、不同程度地为师生和广大员工的行为在历史事件或人物中找到文化的渊源。它常表现为群体经过长期教育实践所形成的教育观、价值观、道德观等精神传统以及文化遗存、文化活动等物质传统。办学理念是学校经营管理构想、培养目标、群体教育理想的综合性描述，是学校适应新形势、找到发展新突破的重要手段。办学者以物质传统和精神传统为基础进行吸纳、批判和改造，并据此规划出学校前进的道路，树立共同的目标愿景，教职工群体则在活动的设计、组织、参与过程中，在追逐教育理想的行走过程中创造并积淀财富，通过对学校传统文化的选择（继承、发扬、修正）

和对新形势、新要求的适应，最终产生出新的精神价值和行为方式。

2.学校制度和校园环境

根据层级划分，校园的精神文化、制度文化、行为文化、物质文化虽所处位置不同，但它们之间是相互联系的，共同组成了一个有机的整体。其中，制度文化是精神价值的具体化，对行为有着约束导向的作用；环境文化作为精神价值的物化体现，以一种润物无声的方式对师生进行感染和激励。显然，缺少制度的约束就不能保证校园活动的正常实施，主体行为就会进入无序的状态，当然也就更不能真正体现出校园的精神和价值；而缺少环境的熏染，学校势必会失去促进行为文化发展的重要力量。

3.校园活动

校园文化中的行为分为三类：学校管理行为、师生个体行为和群体行为。根据文化建设的需要。管理者总是以活动为载体让个体掌握行为的基本技能，促使群体系列行为的形成。个体则在反复参与活动中逐渐养成习惯，强化行为的无意识状态，并表征为一种群体共性。活动的主题内涵、呈现形式，也将直接影响到主体的行为动力和参与积极性。

## （四）校园行为文化建设的构想

依据主体实践性和行为与精神综合作用的特性，校园行为文化建设要紧扣"一个中心"，把握"两个维度"，突出"三个重点"，抓实"六个方面"。

1."一个中心"

即以办学理念为中心。管理者要紧紧围绕学校的办学传统，提炼出适切、鲜明的办学理念，把精神传统、理想目标和教育愿景具体化，建构规则体系和话语体系，用师生可以理解接受的语言准确、完整地传达出办学理念的声音，让办学理念成为学校所有工作的轴心和评价的标准。

2."两个维度"

包括形而上的思想维度和形而下的操作维度。这既指管理者行为文化建设的顶层设计，又指管理运行的具体措施；既指对师生思想和精神上的培育，又指对制度规范的严格执行。管理者要做好学校工作的系列规划，在每一项工作的推进中，让精神和制度互为补充，让活动和环境相互依托。当提出一项工作时，实施者或组织者要思考所组织的活动是否体现出了学校的办学理念和传统精神，措施是否得力，是否能达到学校的育人目标；当活动结束后，要引导每位成员反思自己的言行是否符合集体的精神和价值。

3."三个重点"

（1）制度实施

学校要制定严谨规范的运作秩序和具体要求，用管理制度、规定、办法等规范师生言行，做到既符合群体教育愿景，又具有本校文化特色。在实施过程中还要注重持久性和一致性，以促进师生形成稳定的行为方式和良好的品德价值观。

（2）氛围营造

学校应注重挖掘并营造与办学理念相一致的文化氛围，让校园景观、标语标牌、广播铃声等充分发挥潜移默化的导行、塑形作用，用校园这个定域中特有的环境促进群体思维方式的形成。

（3）活动推进

校园文化建设背景或目标下的活动，既是手段又是载体。还是文化建设本身。学校要精心设计活动，丰富活动内涵，把校园精神和价值融入活动中，让活动真正成为精神价值的一个载体，并通过活动的开展更好地巩固校园精神。

4."六个方面"

学校应牢牢抓住包括课堂教学、教研活动、德育活动、学习培训、社团活动、节庆活动等的具体着力点，为校园行为文化建构一个立体发展的空间，在夯实学校教育根基的同时，体现出文化的个性。

# 第三节　高校校园文化的实践功能

## 一、校园文化的育人功能

高校校园文化的育人功能，是大学通过建设高校校园文化形成浓郁的高校校园文化育人环境，使广大师生、员工能够在耳濡目染中自觉主动地受教育，从而形成符合时代要求的主流价值观和思想道德素质。高校校园文化育人功能主要分为以下四个方面。

### （一）激励师生潜能

我们把精神层面的文化追求视觉化和物质化，打造为物质形态的人文景观，这就不仅仅是对校园景观的美化和丰富，更在于从视觉和灵魂深处对大学生产生冲击和震撼，使大学生产生一定程度上的敬畏，从而起到净化心灵和激励潜能的作用。高校校园文化是育人的文化。例如，在参与英语演讲比赛中，当和其他选手切磋以及得到评委中肯的点评时，不断激励自身潜能，从而提高能力；与留学生同台竞技，英语表达能力不强或者性格内向的同学不仅增长见闻而且提升社交能力；在参与志愿服务活动中，培养团队合作精神以及在志愿服务活动中亲自解决问题的能力；在"以诗会友"的诗社中，激励师生回归传统文化的热忱之心；在辩论赛场上，不仅几位辩手、主席的口才和逻辑思维能力得到锻炼，而且场下的观众在观看一场场酣畅淋漓的辩论大赛之后，也会激励自身付诸行动，不断提高语言表达能力和逻辑思维能力。师生置身于文化底蕴深厚、文化氛围浓郁的大学校园之中，不断激励潜能发挥，锻炼自己的能力。

## （二）凝聚校园人心

高校校园文化是各方精神力量的"强力磁场"，大学校园的文化氛围、文化环境特别是共同的思想观念、行为准则激发着各方主体对学校发展理念、办学目标、管理准则的认同感，从而形成一股强烈的向心力，凝聚师生的精神力量。学生不断发展、调整、提升自我，将学校目标定位为自己发展的目标，或者说将自身发展的目标不断修正和汇聚为集体的大目标。大学生共有的思维方式、理想信念、价值追求等是高校校园文化的重要组成部分，这些精神文化拥有稳固而持久的向心力、凝聚力和推动力。高校校园文化育人，就是通过共同的精神有意识地把分散、孤立的个体聚合起来，大学精神是大学之"魂"，是大学凝聚力、创造力的源泉。

教师感受到学校的校园文化并深刻理解后，会将学校的文化理念和价值标准熔铸在理论课堂上，进而传授至每位学生内心；学生在接触到校园文化之后，从本身观念的接受者转变为感染者、传播者；图书馆、宿舍管理员、食堂服务人员等员工在感受到高校校园文化，会凝聚成一股"合力"，热忱为师生提供安静学习、舒适休息、温馨就餐的环境；"铁打的营盘流水的兵"，每年都有走出校园和走进校园的校友，若干年后，五湖四海的校友们依然无法忘怀短短几年的大学生涯带来的强大磁力，经常会因为"校友"这个标签而凝聚在一起，传递高校校园文化精神。各方力量得到凝聚，使学生在优良的环境中得到浸润成长，在校园的任何角落都能感受到学校文化所带来的非凡魅力，即便出了校园，校园精神仍然伴随一生。

## （三）规范师生行为

规范师生行为是指师生不仅受高校校园文化的感染熏陶和教育，而且他们的价值观念、思想道德、行为规范、处事方式和实践作风也都受到高校校园文化的规范和约束。这是通过大学校园在长期历史文化传统积淀和不断发展的基础上形成的校园制度文化、共同认同的道德规范、行为标准和处事原则来规范约束师生行为。大学校园的管理规章制度规范了师生的行为，在思想道德方面约束师生，加强对师生的思想政治教育，提升师生的综合素质和人格魅力。

健全的规章制度及在此基础上形成的校园制度文化是规范大学生行为的保障。当学生的思想言行不符合制度规范或集体舆论要求时，就会受到来自老师或其他监督者的指正，进而进行自我调节和矫正。高校秉承立德树人的根本任务。教师身体力行、言传身教，致力于培养德、智、体、美、劳全面发展的时代新人。学生尊敬师长、关爱同学，和室友和睦相处，主动帮助有困难的同学处理问题；不迟到早退，上课认真听讲，在图书馆、自习室保持安静，勿大声喧哗；按时出操、集训，锻炼身体；保护校园一草一木，不乱丢垃圾，爱护校园环境；热爱劳动。校园制度可以规范学生的行为，调节在校师生日常行为规范。师生某些不良行为会在校园管理制度的大环境中得到克制，在不断"他律"的过程中，"蓬生麻中，不扶自直""入芝兰之室，久而自芳"，实现师生的行为不断得到规范和约束，德、智、体、美、劳各方面综合素质得到发展和提高。

## （四）塑造时代新人

高校思想政治工作是做人的工作，要在学生的日常养成和行为习惯中寻求其思想状态、发展需求、心理愿景和现实问题的契机，这就必须发挥大学校园行为文化的育人功能。高校校园文化育人要借助各种文化活动实现，大学的目标也是要培养具有实践活动和动手能力、德才兼备、全面发展的人。大学是知识分子集聚、人才资源竞争、流动和发展的场所，是思想、资源、信息和文化高度开放、交流频繁的学术平台，是培养先进人才、创新科技水平和引领时代发展的社会引擎。学校应多组织师生参与社会实践活动，丰富师生课余生活，学生接受学校教育的过程，不再是简单地像照镜子那样的单向放映，学生只能被"硬性灌输"，而是建立在认知基础上的师生之间在心灵与智慧上的融合和再造。学生的各种创新意识、实践能力等综合素质的培养不是凭空产生或捏造出来的，而是在具体的理论课程以及各项课外实践活动中磨炼形成的。

高校校园文化开展多姿多彩的校园文化活动，如理论课堂学习及学校经常举办的学术讲座和研讨会，学生在此接受知识的洗礼，对学习产生浓厚的兴趣；大学校园内有学生会、社团等各种学生组织，学生加入这些组织后，可培养管理意识、服务意识和团队竞争合作意识；还有各种各样的志愿服务团队、"暑期三下乡""寒暑假村调"教育体验活动、研学等，让学生亲身经历，在访谈和调研过程中，加深对学术求真求实的态度；学校针对每个学院每个专业不同类型的学生都有相应的培养方案，学生在专业对口的实习单位实习，加快专业理论知识与实践活动的结合速度和质量；通过开展各式各样校园文化活动营造的校园文化氛围可以润物无声地教化学生，进一步塑造有理想、有本领和有担当的时代新人。

## 二、校园文化的导向功能

校园文化具有导向功能，能引导青年学生成才的道路和方向。实践工作中，要充分发挥校园文化的导向功能，引导学生树立正确的政治立场和思想观念，倡导严谨的治学精神和积极向上的学风，培养学生良好的文化素养、行为习惯和道德品质，增强社会责任感，提高精神境界和综合能力，成为适应社会需要的人才。例如，某高校以重德强技、爱国荣校为校训，激发了全体学生努力学习专业知识和专业技能，培养良好的职业道德、职业意识和职业精神，树立校兴我荣、校衰我耻的思想，努力成为为校增光的人，成为对国家、对社会、对人民有用的人。

导向性是指高校校园文化建设必须坚持社会主义文化方向，全面落实党的教育方针，培养社会主义事业的建设者和接班人。高校校园文化建设是否成功，关键在于是否有利于全面落实党的教育方针，是否有利于培养学生的健康人格及良好的意志品质和职业素养，是否有利于培养应用型高级技术人才。坚持导向性原则，各高校必须根据培养目标和教育规律，创设良好的教育环境和文化氛围，在日常教育教学过程中，有计划地组织开展一系列校园文化活动，引导学生在努力学习专业知识和专业技能的同时，培养强烈的职业意识和良好的职业素养，并不断提高各方面的能力，促进广大学生向高素质的技能型、应用型人才的方向健康成长。

## 三、校园文化的凝聚功能

文化具有极强的凝聚力量。在高校，校园精神是作为高校校园文化建设凝聚功能的重要元素。其具有无形的、强大的向心力和凝聚力，是高校校园文化的精髓和核心，也是高校师生所认同的一种信仰和价值观念。这种校园精神的形成往往以其强大的感召力和凝聚力，能够将高校校园中的每一名成员紧密联结在一起，强化师生的荣誉感和归属感，将学校视为自己的家园，将自我发展与学校荣辱紧密相连，从而形成强大的力量和共同的理想、信念，为学校的发展前进而共同努力。

此外，文化建设的凝聚功能还体现在巩固现有成员，融合新成员上。良好的高校校园文化氛围可以使人处处感受集体的力量和温暖。在高校校园内，同学之间相互关怀、团结友爱；教师关心学生、以生为本。这种环境氛围会使人感受到校园的温馨和谐，从而产生感恩、振奋的力量。高校师生会以身为学校的一分子感到自豪和骄傲，从而形成强大的凝聚力，共同为学校的发展而努力奋斗。高校校园文化活动的开展可以增强这种凝聚功能。通过校园文化集体活动的开展，培养高校学生的团队协作精神，在文化活动中成员之间相互帮助、相互交流可以有助于团队凝聚力的形成，激发他们为共同目标协作的情感，感受和认识到自己在高校校园文化建设中的主人翁地位，提高学校整体的凝聚力。

## 四、校园文化的创新功能

优秀的校园文化具有创新功能，这是由校园文化具有创新性的特点所决定的。学校师生具有强烈的创新精神、创新意识和良好的创新能力，通过师生的创造性活动，既能不断地创造出新的校园文化内容、表现形式和载体，满足师生不断增长的文化需要；又能通过师生的创造性活动，不断创造出新知识、新方法、新技能，推动科技、文化的不断发展。

创新性是指高校校园文化建设要适应社会及高等教育发展的需要，不断创新文化内涵、形式、载体及管理方式。实践工作中，高校必须加强与社会、企业的联系与交流，注重吸收、借鉴优秀的社会文化和企业文化的精髓，不断充实、创新高校校园文化的内涵，为高校校园文化引入新理念，增添新元素，注入新活力；要紧跟社会发展的步伐，主动吸收国内外先进的文化思想、文化理念以及新知识、新方法、新技能，促进校园文化的不断创新；要适应高等教育改革与发展的需要，充分挖掘校企合作的内涵和潜力，以校企合作为核心，不断创新高校校园文化的载体、表现形式和管理方式，使高校校园文化更加适应学校师生的特点和文化需求，适应学校教育、教学及管理工作的需要，适应学生就业或自主创业的需要，更好地为广大师生的学习、工作和生活服务。

## 五、校园文化的渗透功能

首先，校园文化渗透在师生的思想观念和言行举止中，渗透在师生的学习、工作、生活和情感中，影响着师生的人生观、价值观和审美观，促使他们自我约束、规范言行。其次，在学校与社会、企业的接触中，校园文化与社会文化、企业文化相互交流、相互渗透，既影响学校师生的学习、工作和生活，推动校园文化不断创新，也会影响并促进社会文化和企业文化的创新和发展。

渗透功能是指高校校园文化建设要注重与社会文化、企业文化的渗透。高校与社会、企业有着广泛的交流与合作，包括高校与社会、企业在联合办学、技术攻关、技术开发、实训基地建设、资源共享及在职培训等方面的合作，以及高校师生与社会、企业不同群体之间的交流与合作，随着网络技术的发展，这种交流与合作会更加方便、快捷、高效。在高校与社会、企业交流与合作的同时，高校校园文化与社会文化、企业文化之间也相互渗透、相互融合、共同创新、共同发展。高等教育的培养目标要求在校园文化建设中要注重融入更多优秀的企业文化特色，校企合作是把企业文化特色融入高校校园文化的最佳形式。

例如，将创新意识、科技意识等优秀企业文化内涵融入学生科技活动和专业技能竞赛活动中，有意识地培养学生的创新意识和科技意识，从而形成良好的职业素养。实践表明，充分发挥高校校园文化的渗透性，有利于促进高校校园文化与社会文化、企业文化之间在精神理念、价值观念、管理制度、行为方式、文化特点等方面相互吸纳对方的精华，促进自身文化的创新与发展。坚持渗透性原则，要求各高校要充分挖掘校园文化、社会文化、企业文化的丰富内涵，找准三者的内在联系和最佳结合点，通过联合办学、技术攻关、技术开发、实训基地建设、资源共享及在职培训等方式加强与社会、企业的合作，共同创新与不断发展。

## 六、校园文化的约束功能

高校校园文化的约束功能，是指高校校园文化会通过建设一种积极健康的校园文化氛围来使高校内部师生群体自觉规范和约束自己的思维方式、思想观念、行为模式，使之契合文化建设的发展方向。

约束功能通常分为硬性约束和软性约束两种形态。硬性约束功能是对校园文化价值观念的规范和具体化，这种约束往往具有强制性，主要通过高校校园制度文化来表现。通过各种硬性的规章制度来明确约束大学生的行为模式，使学生明确可以做什么、不可以做什么，从而逐步转变和约束自己的行为习惯，预防错误行为的发生。软性约束则是一种非强制性的规范，表现为高校的校风、校训及高校校园独有的大学精神、信念等在学校发展过程中形成的一种文化氛围和精神环境。

总之，高校校园文化建设的约束功能可以对高校师生一些不良的思想和行为进行约束和抑制，并给予适当的引导和教育，使之朝着良好的方向发展和转变。尽管高校校园文化建设这种约束是无形的，但却是其他教育形式所不能替代的。同时，在发挥运用高校校园文化约束功能时要注意，对高校师生行为的控制约束可以有更高的要求，但对于思想的控制要从宽，否则容易束缚广大师生的思想而影响创造能力。

## 七、校园文化的时代性功能

时代性功能是指高校校园文化建设的内容、途径和方法都必须突出时代特征，适应社会政治、经济、文化发展的需要，同高等教育改革与发展的新形势相适应。坚持时代性原则，各高校必须适应形势发展的需要及社会对人才的要求，积极优化育人环境，深化教育改革，更新人才观念，创新人才培养模式及教学方法，关注学科前沿，把各门学科的新观念、新思想、新知识、新方法、新技能通过第二课堂或校园文化活动的形式，及时传授给学生，以积极健康、与时俱进的校园文化，推动学生素质的全面发展与提高，促进高校人才的培养。

## 八、校园文化的职业性功能

职业性功能是指高校校园文化建设要体现高等教育的职业性特征，有利于学生职业素质的培养。高校校园文化必须有利于高等教育培养目标的实现，有利于培养学生多方面的才能，有利于塑造学生的健康人格和良好的意志品质。高校校园文化建设要注重与职业素质教育相结合，注入丰富的职业文化内涵，体现职业性特点；要注重通过工学结合、基地建设、文化交流、管理互融等方式与企业文化进行互动和融合，借鉴企业文化建设的成功经验和做法，吸收企业文化的精髓。通过与职业素质教育和企业文化建设的有机结合，为学生提供一种准职业化、准企业化的学习环境，在教学过程中融进更多具有职业特征和企业特征的内容，努力培养学生的职业素质、企业精神及企业适应能力。

## 九、校园文化的主体性功能

主体性功能是指高校校园文化建设要充分发挥校园文化主体的作用，满足主体全面发展的需要。学校全体师生是校园文化主体，加强高校校园文化建设，各高校院校应根据学校专业特点和实际条件，充分发挥师生的积极性、创造性和想象力，组织师生开展丰富多彩的校园文化活动，丰富文化生活，陶冶道德情操，增进身心健康，促进个性发展，促使全体师生形成正确的思想观念、崇高的道德品质、积极人生态度、坚强的意志品质和良好的行为习惯，促进师生全面发展。坚持主体性原则，要求在实践过程中，要根据广大师生对文化的内在需求和提升自我、超越自我、表现自我、获得他人认可的愿望，引导师生积极、主动地参与校园文化建设，从中获得全面发展。

## 十、校园文化的协调性功能

协调性功能是指高校校园文化建设中，物质文化、制度文化、行为文化和精神文化四个方面，必须同步进行、协调发展。高校校园文化建设涉及学校、社会、企业多方面的关系，涉及学校内部各部门的工作，涉及全校师生的工作、学习和生活。坚持协调性原则，首先学校领导要把握学校建设与发展的全局，对校园文化建设作出总体部署，加大人力、财力和物力投入，加强与政府职能部门、企业、周边单位的协调，争取多方面的支持与配合，从而有序推进校园文化建设。其次，学校各部门要齐心协力、密切配合，充分发挥各方面积极因素，共同建设好校园文化。第三，广大师生要积极关心、参与校园文化建设，充分发挥自身创造力和想象力，共同推动校园文化建设，协调发展，绝不能顾此失彼、畸形发展。

## 十一、校园文化的渐进性功能

校园文化建设，包括校园文化建设长效机制的构建、文化模式的探索与完善、方法措施的制订与优化、基础设施建设、规章制度的制订、师生行为习惯的养成、校园精神的培养以及优良校风的形成等，是一个逐步形成、发展与完善的过程。渐进性原则是指高校校园文化建设，必须根据高校教育的规律和特点以及校园文化的发展规律，结合学校实际，统筹规划，逐步推进。坚持渐进性原则，各高校院校在实际工作中，要科学地制定学校的整体发展规划，明确各阶段的具体目标和完成各项规划具体措施、责任部门及责任人，有计划地加大投入、组织实施，逐步推进各项工作，既不能盲目激进，也不能无所作为，否则都将影响学校的持续发展。

## 十二、校园文化的激励功能

优秀的校园文化代表着科技进步、社会物质和精神文明的最新水平，能激发师生的工作和学习积极性以及热爱生活、创造生活、享受生活的热情，激励师生开拓进取、奋发图强，具有激励功能。如组织学生学习先进人物事迹，开展青年志愿者活动、义务劳动、为希望工程献爱心活动，邀请知名企业家或成功校友来校开展创业讲座，举办创业大赛、专业技能大赛等，可以激励学生认真学习、努力锻炼、奋发进取，成为理想远大、道德崇高、素质优良、勇于创业的优秀大学生。

# 第四节 高校校园文化的深刻影响

## 一、高校校园物质文化的影响

### （一）高校校园物质文化能够充实人们的业余文化生活

近年来，为了扩大校园物质文化、人文景观对社会的辐射力，各大学纷纷实施了"拆墙透绿"工程，将校园周边的围墙拆掉，彰显校园物质文化的魅力和吸引力。国外大学更是如此，甚至与社区融为一体，通过为社区提供服务的形式，发挥校园文化的功能。高校凭借其所拥有的图书馆、实验室、教室、体育场等综合设施而成为所在社区的重要组成部分。校园里大量的学生和独具特色的建筑不可能不引起社区的注意，很容易吸引在周围生活和工作的人们的注意力。随着高等教育市场化步伐的加快，高校逐渐扩大向社会开放的幅度，为社区居民免费提供体育馆、图书馆等校园公共设施。通过为社会提供资源性服务，发挥校园文化的社会功能。良好的校园文化和完善的体育设施，吸引社区居民在紧张工作之余，走进校园进行体育锻炼。体育活动具有群体性，很多项目都需要通过集体协作才能完成，这就为人们提供了一个交流的机会和条件，扩大了交往范围。

由此可见，校园体育场馆向社区开放，不但能够增强社区居民的身体素质，而且人们在愉悦身心的同时，感受到校园特有的物质环境文化氛围带来的心灵熏陶。当人们利用闲暇时间走进大学图书馆时，图书馆本身的环境结构、整体布局、知识平台、文化氛围就已经使人受到文化熏陶。通过翻阅书籍，可以发现自己感兴趣的东西，引起人们的思考、探求，这样不仅能够开阔眼界，充实头脑，提高自身科学文化素质，而且能够丰富居民的业余文化生活，有利于提高整个社区的精神文明水平。

### （二）高校校园物质文化能够提升区域社会的文化形象

高校利用自身所拥有的图书馆、实验室等教育资源，联合多个不同层次、不同类型的大学形成具有完善的基础设施、服务体系和良好人文环境的大学城，与企业合作，实行"产学研"一体化模式，促进科技成果转化。大学城利用自身具有的旅游、休闲、服务功能，不仅能直接带动周边地区高新技术产业，对区域经济的发展发挥持续作用，还可以依靠高校校园文化的知识性、辐射性，提升地区的文化形象。可见，高校校园物质文化利用自身具有的辐射性，通过提升社会公众的文化品位，带动社区精神文明的提升，促进社区文化的发展，从而引领城市整体素质的提升。

## 二、高校校园精神文化的影响

### （一）高校校园精神文化对居民精神面貌的塑造提供示范作用

历史悠久的校史，文明和谐的校风，立意深刻的校训，催人奋进的校歌，优秀的文化传统，校园中处处渗透着大学精神文化的印记，它不仅对校园人的世界观、人生观和价值观起着潜移默化的影响，还会通过各种形式和传播载体，对高校周边社区居民的精神面貌产生直接或间接的影响。

高校周边新建住宅小区，就会借助老校的文化魅力提升小区的文化品位，打出"毗邻百年老校，感受文化熏陶"之类的广告语来吸引民众。人们之所以希望居住在历史名校周围，同它们特有的精神氛围和文化环境是分不开的。因为生活在一个饱含科学精神、拥有优良校风和深厚人文底蕴的校园周围，时刻感受优良校园文化的熏陶，鼓励人们去感受教育的精神：乐于奉献的教学精神、严谨的学术精神以及追求民主和科学的大学精神。通过身体和心理教育，人们的能力和素质将会得到提高，精神面貌必然发生改变。

### （二）高校校园精神文化对地区文化氛围的营造提供导向作用

高校是传授文化知识的殿堂，知识性是高校校园文化的显著特点。高校教师和青年学生是知识分子中最有文化创造力的群体。大学生思维敏捷、求知欲强，渴望探索新世界、涉足新领域，他们接受新事物、新思想和新观念更为迅速，自然成为文化创造的主力军。而大学教师作为高知识阶层，具有较强的专业素质、知识应用能力和道德水准，具备了创造新文化的基本要素。一方面，教师将人类创造的思想、观念、科学技术传授给学生；另一方面教师们不断地创造新的思想和新的观念，并产生新的文化知识。在学习、实践人类传统文化的同时，大学生还参与创造校园文化，并通过多种渠道将其传播到社区甚至整个社会。校园独有的文化氛围往往成为社区文化发展的先导。

高校师生"求真务实"的科学精神、"着眼未来"的超越精神和"自强不息"的奋斗精神，首先对高校周围社区产生影响，然后向整个地区扩散，被社会文化所接受、认可、吸收，其中合理的、积极的成分逐渐演化为区域社会主流文化，为营造和谐地区文化氛围提供导向作用。

### （三）高校校园精神文化为地区政治文明的发展提供智力支持

地区为高校提供土地、资金、人员等物质条件，高校以知识性服务的形式予以回报。高校作为文化教育机构，它有民主、科学、创新的精神理念；有平等、自由、开放的学术氛围，为高校师生研究区域政治思想提供了良好的学术环境。高校校园文化汲取古今中外一切有益的科学文化，用先进的社会文化武装学生，在内容和形式上积极创新，不断开拓发展文化的新途径和新方法，为社会培养具有解放思想、勇于实践、与时俱进、锐意进取精神的高素质政治人才，为地区政治文明的发展发挥作用。

## 三、高校校园制度文化的影响

### （一）高校校园制度文化中的道德约束机制对地区社会风气的影响

道德约束是为协调人类社会关系而产生的准则和规范，并以此对人们各种利益和各种行为加以调整和约束。高校为保证有效管理，除了建立严格的规章制度外，还要依靠道德约束机制予以调适，高校的这些校园道德约束标准在社会上表现为社会公德，能够对社会成员形成一种无形的约束力。

### （二）高校校园制度文化中的柔性管理方式对社区凝聚力的影响

遵循"以人为本"原则制定人性化的制度，尊重个人情感，让被管理者感受到更多的人文关怀，造成一种相互信任的心理气氛。学校借助校园文化建设所形成的群体归属感、文化认同感、共同的价值取向和整体信念等，对校园人产生很强的感召力，使师生和广大员工自愿地把自我追求与学校发展紧密联系起来，产生"为校争光""校兴我荣"的责任感、使命感，处处以身作则，自觉遵守校纪。

高校这种人性化的管理方式对社区管理有较大的借鉴意义，社区可以同高校开展"睦邻运动"方式解决某些社会问题。通过高校与社区的互动，高校的优秀制度文化、管理模式能够为社区居委会学习、模仿。他们根据自己单位的特点，结合高校的管理模式，制定本单位的各项规章制度，用文化的凝聚力实施管理，用先进的校园文化引领社区文化发展，使社区成员在价值观念、思维方式、行为文化等方面逐步趋同，增强社区凝聚力。

## 四、高校校园行为文化的影响

### （一）高校校园行为文化对社区居民消费方式的影响作用

一般说来，地方社区文化因受传统小市民思想影响及本地区整体文化素质的局限，消费方式比较低俗，往往表现为酗酒、赌博、斗殴、迷信等社会问题，使社区成员尤其是青少年深受其害。校园行为文化由于其自身固有的先进性和批判性，对周边社区低俗的社会文化有着较强的甄别能力，本能地抵制一些不良的消费行为，以高雅、个性、富有时代特点的文化潮流冲击社区庸俗文化，引导和影响社区居民的消费方式和消费习惯。社区居民在校园行为文化的辐射作用下，开始模仿高校师生的行为方式，克服低级的、庸俗的消费行为习惯，逐渐形成高雅的、科学的消费文化。

高校师生通过在社区开展学术讲座，举办戏剧、舞蹈、书法、摄影等形式的文化活动，加强校园文化对社区文化的影响，营造和谐的文化氛围，更直接、更强烈地帮助废除社区成员中残留的落后思想观念、生活习俗，使其成员的生活方式逐渐趋于文明、健康。

### （二）高校校园行为文化对社区居民继续教育的影响作用

美国学者帕克曾指出："随着现代教育方式的引入，几年之内就整个地改变托马斯大街上人的心理习俗，报纸开始流行，青年开始阅读和讨论。"教育对人们行为心理的影响是显而易见的。随着社区人性化的建设，加上社区居民空闲的时间比较多，居民户外活动增加，人与人之间增加了互相交流的频率，但受社区整体文化素质不高的局限，所以并没有在行为文化方式上表现出应有的提高和发展。

高校周边的社区可以受到校园文化的教育、辐射影响，改变这种状况。例如，高校师生利用课余时间，以开办夜大、老年大学等形式为社区居民开展继续教育，以提高社区居民的科学文化素质，丰富他们的生活，扩大他们的视野，改变他们的生活习惯。随着继续教育的展开，校园文化与社区文化、企业文化等不同形态的文化相互渗透、相互融合，既丰富了校园文化的内涵，又提高了社区的总体文化水平。

# 第四章 新时期高校校园精神文化建设

　　高校校园精神文化是高校校园文化的重要组成部分，在人才培养方面具有重要的意义，对社会文化具有辐射和促进作用。本章分为高校校园精神文化的内涵与特征、高校校园精神文化的地位与价值、高校校园精神文化的要素分析、高校校园精神文化建设的基本思路四部分。主要内容包括：高校校园精神文化的内涵、高校校园精神文化的特征、高校校园精神文化的地位和价值、对高校校园精神文化的规划等方面。

## 第一节 高校校园精神文化的内涵与特征

### 一、高校校园精神文化的内涵

#### （一）高校校园精神文化的组成

　　校园精神文化是校园文化的重要组成部分，也体现了一所学校的先进之处和独特的性质。校园精神文化对校园的发展具有很多作用，比如导向、激励、凝聚、约束、规范等几方面。

　　校园文化对高校实现人才培养的目标具有重要的促进作用，在对人才培养的过程中，高校遇到了很多问题，这就要求高校需要加强校园文化建设，而校园精神文化作为校园文化的重要组成部分，尤其应该被重视。高校在培育和建设校园精神文化的时候，要充分地了解它的内涵和特点，这样才能使其发挥它最大的功能和作用。

　　校园文化是高校师生和员工在长期教学实践过程中形成的各种文化的总和，它的主要目的是教书育人，它的主要组成部分是校园精神文化。校园文化主要由以下三大部分组成：物质环境文化、制度文化和精神文化，这三部分都不能单独存在，共同存在于校园文化中，只有这样，校园文化才是完整的。物质环境文化是指学校的基础设备、校园环境以及它们所蕴含的文化价值；制度文化是指学校的规章制度、服务制度以及它们所表现出来的价值规范。

## （二）高校校园精神文化的功能

校园精神文化是校园文化的重要组成部分，与其他种类的校园文化相比，它除了具有校园文化共有的功能之外，它还有具有其自己独有的功能，如导向功能、凝聚功能、激励功能和规范功能。

### 1. 导向功能

学校精神主要通过校园精神文化体现，校园精神文化体现了整个校园的价值观念和思想意识，对高校师生价值观的形成具有很重要的引导作用。首先，它是一种目标导向，它激励着高校师生向着高校文化建设和社会主义文化建设的目标努力奋斗。另外，它是一种价值导向。高校的价值氛围直接影响着广大师生的价值观，良好的价值氛围引导广大师生形成一种积极向上的价值取向，广大师生形成积极的机制观念后，也能促进较高价值的实现。

### 2. 凝聚功能

当校园精神文化所蕴含的价值观念和道德观念被广大师生认可并接受时，广大师生就会产生一种内心的凝聚力，从而增强整个校园的凝聚力，还能促进师生的团结。这种凝聚力不仅可以把广大师生的行为和情感聚合到一起，也能推动整个高校的发展。

### 3. 激励功能

校园精神文化的激励功能主要是指高校的校园精神、校训、校歌、校友这些载体所蕴含的精神能够激励广大师生不断奋斗、拼搏、开拓进取、创新进步，也能激励广大师生为了学校的发展而努力奋斗。每年每个高校都会有很多毕业生步入社会，他们经过多年的努力奋斗后，成了各个行业的领军人物。这些出类拔萃的校友，他们是校园精神文化的传播者和践行者，他们的奋斗精神为在校学生树立了良好的榜样，同时也对学生产生了引导、激励和鼓舞的作用。

### 4. 规范功能

校园精神文化的规范功能具体是指它对校园广大师生的行为具有规范和约束的功能。校园精神文化里对广大师生的行为和价值观有着明确的规范和约束，对于什么行为是正确的、什么行为是错误的有自己的判定标准。另外，校园精神文化的主要表现形式是学校的管理制度、服务制度、规章制度，这些规章制度约束和规范着广大师生的行为方式。

校园精神文化的内涵可以概括为：校园精神文化是校园文化的重要组成部分，主要表现在师生和广大员工身上的群众心理、价值观、道德规范，其核心内容是校园精神和办学理念，其主要的内容和形式是高校的校风。

## 二、高校校园精神文化的特征

### （一）继承性

校园精神文化是高校在经历几十年甚至上百年的传承和发展之后，积累和形成的宝贵的精神财富，这种精神文化一直引导着高校的教学的方向。很多历史悠久的高等学府都有自己标志性的校园精神文化。

### （二）时代性

校园精神文化在继承历史流传下来的特点外，还要跟随时代的步伐，顺应社会潮流，建立符合时代性的特点，这样才能与时俱进，不被社会淘汰。校园文化是社会主义文化的重要组成部分，所以在建设自身文化的同时，也要为能在社会主义文化的繁荣发展中做出自己的贡献而努力奋斗。目前，高校精神文化建设的主要目标是培养出能为社会发展做出贡献的学生，坚持以人为本的教学理念。总而言之，校园精神文化既要能继承精华，又要能发展创新，与时俱进；既要具有中国特色，又要能吸收国外先进文化的精华。

### （三）独特性

高校的精神文化与其他社会组织的精神文化不同，有自己独特的内容。企业、政府这些社会组织的精神文化主要是创新发展和遵纪守法，而高校作为学习文化的教育单位，高校的精神文化主要体现在校风和学风等方面，每个高校都具有自己独特的校风和学风。

### （四）创新性

创新是民族进步发展的力量，是企业生存发展的动力，也是国家兴旺发达的源泉和动力。高校校园精神文化建设的精髓也是创新，所以各个高校应该把培养和发展创新精神作为自己的教育目标。第一，校园精神文化的发展需要不断地创新；第二，为了适应时代的发展，高校要重视创新型人才的培养，在进行精神文化建设时，尤其要注意创新思维的培养，以创新精神熏陶和激发大学生的创新意识，不断加强大学生的创新和实践能力。

# 第二节  高校校园精神文化的地位与价值

## 一、校园的精神文化是高校得以发展和传承的根本动力

一所好的学校，不单单是看它的成绩排名和升学指标，最重要的是看它的校风、它的文化、它的精神。校园精神教给学生们做人的道理，让学生们拥有健康的人格，它是学生们人生道路的指明灯，也是学生和老师都认可的价值文化。这是一种精神的力量。一些校园用校歌、校训、校风、教学理念的形式表达出来。高职院校的校园精神文化也是非常具有特色的，主要是以正确的价值观、世界观、人生观来辅助学校的教学理念、办学宗旨，同样体现在校风、校训上，让老师和学生们真正理解校园精神文化就是对学校教学价值的真正体现。

## 二、校园精神文化建设是高校得以发展的重要文化内核

如果一味地比拼学生的成绩和老师的教学水平，那么只会教出没有创新能力的学生。教师们形式化地教学，学生们机械化地学习，循环往复，形成恶性循环。一所真正让人尊敬的高校，不应该只是拥有现代化教学设施和硬件条件，还要拥有是非分明的价值观和海纳百川的心胸，这样培养的人才才能塑造坚强的人格和正确的价值观念。校园精神文化主要可以分为以下四种类型：智能型知识文化，素质型心理文化，情感型审美文化，意识型观念文化。与其他校园文化形态相比，校园精神文化具有非常独特的特点，主要表现在三个方面：积沉性、隐渗性、持久性。校园精神文化不是短时间内就能形成的，它需要很多年的沉淀和积累，这需要教师和学生们共同的努力，自然而领悟于当下，不急于追逐利益；校园精神文化具有很强的渗透性，一旦形成精神文化，就不会轻易被替代，学生和教师们都会自觉地认可这种价值观；校园精神文化一旦形成，就会旷日持久，因为它是真正对人们有益的，对人们有益的事情不会被大众所遗弃，它只会朝着更高的高度发展。

# 第三节 高校校园精神文化的要素分析

## 一、高校价值观

高校价值观是指广大师生在长期的教学过程中逐渐形成的一种价值取向和思想理念，是全体师生或大多数师生对高校意义的共同判断，也是校园精神文化的基础和标准。

从高校价值观主体的范围来看，高校价值观大致可以分为三类。

### （一）高校个体价值观

高校个体价值观是全体教师、学生和教职工在教育教学实践过程中形成的各种价值观。它们包括每个人对工作和学习的目的、生活的意义、自己与他人的关系、自己与社会的关系、自己与大学的关系的看法。

### （二）高校的群体价值观

高校的群体价值观是指各种正式组织和非正式组织所持有的价值观，包括学生会、共青团、党支部等。对于高校的管理人员，他们应该充分意识到这些非正式群体的作用，注意处理这些正式组织和非正式组织之间的相互合作，创建一个良好的氛围，共同努力，提高高校教学质量。

### （三）高校的整体价值

高校整体价值观是在对高校周边环境的整体认识基础上形成的高校整体发展目标，是所有或大部分师生、工作人员都能认同的。它对高校的各种群体价值观和个体价值观进行了管理和制约。随着经济全球化的到来，改革开放以后，西方的各种新潮思想陆续涌入到高校校园，特别是"哈日族"和"哈韩族"等现象的出现，这些坏风气在高校校园盛行。沉重的现实表明，这些不良行为和现象严重影响了大学生的价值取向、理想信念等精神方面的想法。

## 二、高校办学理念

办学理念是校园精神和校园文化的重要组成部分，对整个高校的发展具有指导性的作用。目前，与世界上许多著名高校相比，我国高校的办学理念还是很落后。随着互联网的高速发展，信息化发展十分迅速，文化交流是十分方便的，我们要寻找机会多学习国外高校先进的办学理念，再结合自身的特点，进行创新和改革，摸索出适合自身发展的办学理念。

## 三、校训

校训是高校文化的核心表征。从某种程度来说，校训就是一所高校的校风、学风和行政管理作风的总结和提炼，并和学校的传统、历史、民族文化传统和地域文化特色结合起来，用紧凑、流畅、典雅的方式表达出来。

### （一）校风

构建优良校风主要从以下几个方面入手。

第一，发挥校领导作用，引领优良校风。校领导的精神状态、思想方法和工作作风对校风建设起着重要作用。故校领导要具有高瞻远瞩的精神，充分意识到校风建设的重要性，力求提高教学质量，敦促教师改进教学方法、积极开拓创新；要把理论联系实际，将国内外先进办学理念结合本校优势资源，开创具有特色的校园文化。第二，推进制度建设，营造良好教学环境。明确教学理念，规范课程教学和考风考纪，严格依章办事、从严执教、从严管理，真正发挥教学管理对学风的培育和引导作用；创新考核机制。第三，以教风、学风推动校风建设。第四，加强师生思想政治教育，抵制不良风气。要把握好人的全面发展理论，保障学习和生活的质量，学校应采取多媒体教学、网络教学及远程教学等教学形式宣传马克思主义，抵制来自网络和现实的不良思想的腐蚀，并建立以马克思主义理论为核心的思想政治理论课课程的新体系。

### （二）学风

高校校园文化可以分为两部分，一部分是物质文化，另一部分是精神文化，精神文化是它的重要组成组分，具体体现为学风、教风、班风、校风等方面。其中，学风贯穿建设始终，是高校校园文化建设的基本要素。

狭义的学风，指全体学生在学习目的、态度以及方法上逐步形成的具有一定稳定性和持续性的心理特征及其外在表现。

建设学风需要做好：第一，明确学习方向，转变学习模式。学生要树立明确的学习目标和学习方向；然后，根据自身实际制定合理的学习计划，一般分为短期计划和长期计划，通过短期计划的制定和实现起到激励自身的作用从而调动学习积极性，进而开展下一阶段的计划实现；同时，变被动的教师监管模式为主动的自我监督模式，通过教师的教课内容拓展思路，重点掌握整合知识的能力和看问题的思辨性。第二，树立马克思主义观。良好学风的创建也要有正确价值观导向，学习马克思主义基本原理，树立马克思主义实事求是、理论联系实际的思想，用联系的发展的眼光看世界，把个人利益与社会利益紧密结合。抵制不良思潮，不贪图短暂安逸享乐，学会透过现象看本质，用发展的眼光看待个人成长，在良好的学风氛围中，把练好本领以后实现个人价值与社会价值的统一作为奋斗目标。

### 1.高校学风存在的问题

当前高校中的整体学风是好的，但是也存在一些学习方法和学习精神上的问题。这些问题产生的限制性因素可从学生、教师、学校、社会四大方面来分析。

#### （1）学习方法不对路

进入高校后很多学生学习的独立性和自觉性差，对于"独立自主"的学习和生活方式不能适应，不能从被动学习模式转变为主动学习模式。一方面，缺乏学习目标和对自身实际的正确分析，无法制定严格有效的短期学习计划并完成长远的人生规划。另一方面，片面依赖高校课本，缺乏课外知识量积累，就无法拓展自己的知识体系并将其运用到实践中，达不到理论与实际的有效结合。学生的知识水平得不到进一步巩固和提高，学习动力就会降低。

#### （2）缺乏艰苦奋斗精神

思想观念上的功利主义和片面追求自我实现使学生浮躁不踏实，缺乏学习中应有的艰苦奋斗精神，结果到了考前熬夜突击，仅靠强化记忆，只会助长学生的惰性，无法培养出有进取心的合格社会人才。

#### （3）缺乏求真精神

随着市场经济的推进，一些负面思潮也渗透到大学校园，如急功近利、虚假浮夸、拿来主义。有一些教师满足于自己已经掌握的知识，平时不善于学习，不善于思考问题、解决问题，而又有评估职称的压力，故在研究上急功近利，抄袭、剽窃、改头换面地移植别人文章；在教学工作上专做表面文章，对学生不甚了了；而一些学生由于在学习上无法有进展，也奉行拿来主义。求真精神的缺乏使校园文化出现虚假繁荣景象，阻碍了高校校园文化积极健康的发展。

### 2.高校学风建设的限制性因素

#### （1）学生因素

个人价值取向、人生目标、学习动机、责任感、成就动机等方面无不影响着学风，进入大学以后他们认为不必再担心高考竞争压力，放松了自我不断完善的要求，安于现状不思进取。

#### （2）教师因素

第一，科研能力不足。高校教师职称考评重要指标就是学术科研成果的数量和质量，这对个人专业知识有着很高的要求，不仅要深厚的专业知识，还有具备联系实际的科研精神和开拓创新的时代精神。第二，教学管理不佳。因此，教师教育教学管理的疏漏影响着优良学风的构建。第三，师德风尚缺乏。由于评职等压力和市场经济副作用的影响，导致高校教师重科研轻教学的现象。

（3）学校因素

第一，教学环境差。校领导片面追求效益，扩招创收，而在提高教学质量和加强学风方面的措施很少，教法老套，内容陈旧，对学生的学习又缺乏管理。第二，教学监管弱。学校在进行课程考核的考试时，监考不严格，学生抓住了这个漏洞，放松了对平时学习的要求，对考试抱有侥幸的心理。

（4）家庭因素和社会因素

①家庭因素。家庭的物质支持和精神支持是学生的经济来源和学习动力。家庭对学生的世界观、人生观、价值观的形成起到了重要作用，影响着学生对学习的态度和学习的规划。家庭对教育的重视程度直接影响着高校学生对学习的看法。孩子进入大学后，大多数会到另外一个城市生活，家长对孩子学习的要求少了，更多地关心孩子的日常生活，给孩子提供充足的生活费，这些也导致学生思想上的松懈、学习上的惰性、纪律上的散漫。

②社会因素。社会主义市场经济的发展，使一些诸如享乐主义、拜金主义、极端个人主义等负面思潮渗透到大学并冲击着大学师生的世界观、人生观和价值观；与此同时，人们对实用性和技能性强的知识趋之若鹜，而对基础知识兴趣不强，导致学风不纯。互联网时代，随着网络的高速发展，学生接触信息的方式发生了很大改变，有些信息对学生的身心发展产生了不良影响。还有些学生沉迷于电脑游戏和聊天交友，荒废了学业，严重破坏了良好的学风。

## （三）教风

教风的建设工作主要是指完善知识结构，提高职业素质。一方面，教师要改变传统的教学方式，不能故步自封，要不断地学习新知识，完善自己的知识结构和水平，提升自身的素质，把教学同社会实践和学生的个人发展紧密联系起来；另一方面，应将社会热点与课程相结合，不断更新教学内容。例如，采用多媒体设备播放图片、视频，提高教学手段，通过与时俱进的教育手段改进教学，开发学生上课的积极性。反之，如果老师治教不严，对学生和教学不负责任，必导致消极作用，挫伤学生的积极性，助长厌学怠学的不良风气。故教师应以自身的人格魅力感染学生，严格要求自己，提高自身的道德修养，加强自身的师德建设。

### （四）班风

优良班风的应从以下几个方面入手：第一，发挥辅导员作用，了解学生动态。第二，建立健全班级规章制度，干部带头示范。对损害他人的行为应予以抵制，支持健康的并约束不良的习惯、风气、倾向，由学生干部群带头示范并建立学生监督机制，形成民主团结的和谐氛围，促进学生养成艰苦奋斗、求真务实的精神。第三，以优良学风促进良好班风建设。学风是班风的核心，良好班风又能促进良好学风的形成。故应该以学风带动良好班风的形成，塑造积极健康的高校校园文化氛围，最终在学风和教风互动、形成良好班风的氛围中，促成优良校风的形成。

# 第四节　高校校园精神文化建设的基本思路

## 一、高校校园精神文化建设的重要性

高校校园精神文化的建设工作对整个校园文化建设的开展具有极其重要的作用。高校校园文化的建设应以校园精神文化为价值导向，才能保证不偏离整个校园文化发展的方向，二者朝着一个方向发展，能提高建设工作的效率，也能取得更好的效果。在现代社会，伴随着互联网的快速发展，知识和文化交流的方式也发生了很大的改变，因此，我们既要继承传统的优秀的精神文化精神，也要敢于创新，建立适合自己学校发展的校园精神文化。

中国传统文化的核心理念和根本精神是和谐。中国具有五千年的源远流长的历史文化，在很久之前，我们的祖先就创造了伟大的文化。在高校校园文化建设的过程中，我们不仅要继承和发扬传统的文化中的和谐文化精神，也要努力为学生的健康成长建设一个和谐的校园文化环境。和谐的文化氛围和和谐的人际关系能让每位老师始终以学校的整体发展为主要目的，能让每位学生能在和谐融洽的校园环境中学习和成长，也能使高校的办学工作的顺利进行得到保障，办学质量得到提高。大学校园精神文化是社会精神文化的重要组成部分，大学校园是现代化人才的培育基地，因此我们尤其要重视校园精神文化的建设，在经过仔细思考后，有计划地去宣传和建设它。

## 二、高校校园精神文化建设的思路

### （一）明确办学理念，建设特色校园精神文化

精神文化的建设在高校中发挥着重要的作用，它无形中对广大师生的行为和思想产生了影响，因此我们要更加重视校园的精神文化建设。但是每所学校的特点不同，专攻的专业也不同，所以我们要根据学校的特征和类型建设有自己特色的校园精神文化，这对整所学校的发展来说是十分重要的步骤。为了能够建立自己独具特色的校园精神文化，我们就首先要明确学校的办学理念，然后学校的各种规章制度就可以按照这个方向制定，广大师生按照规章制度的要求约束自己的行为和思想，慢慢也就形成了校园的精神文化。每所高校的类型不同，不同类型的高校有其独特的办学理念，高校要对自身的特点有个清晰的判断，才能建立自己独具特色的精神文化。高校类型一般分为研究型、科研型和技术型。研究型高校的精神文化应注重学术性、创新性、开放性；科研型大学的精神文化应注重传承性和地方性；技术性大学的精神文化特应注重鲜明的应用性、服务性。

另外，高校特色的精神文化建设需要通过特色校园文化活动来实现，特色校园文化活动要根据高校的特点，专业的特点以及地理位置来设计和开展。总之，高校校园文化建设首先要把精神文化建设摆在首位，因为只有确立符合自身特点的办学理念和大学精神，高校的各项活动和各项规章制度才能围绕这种精神开展和制定。广大师生也能在各个地方感受到精神文化的力量。

近些年，高等学校之间的竞争愈演愈烈，如何在激烈的竞争中脱颖而出成了各大高校冥思苦想的问题。各个高校之间有很多共同点，也有一些不同点，想要在竞争中胜出就要深入了解和分析自己的特点，走自己的特色发展的道路。一所高校的特色之处主要体现在校园精神文化建设上，因此想要在竞争中立于不败之地，就要形成自己独特鲜明的精神文化。高校要从自己的发展历史、教学类型和教育目标出发，了解自己的优点和缺点，实事求是，不盲目跟风，挖掘自身特色，保持自身特色，确立自己的办学理念，使之成为校园精神文化建设的基础和核心。

办学理念是校园精神文化的核心部分，确立自己独特的办学理念是高校构建特色发展之路的重要方面，特色就是个性，特色就是创新，要走特色发展的道路，首先要先创立自己的办学理念，在创立过程中尤其要注意以下三个方面。

第一，高校在创立自己特色的办学理念时，一定要充分考虑到它的专业类型、发展历史、所处的地理位置等因素。按照专业类型，高校可以划分为研究

型高校、教学型高校、技术型高校；按照学科类型，高校可以划分为文科院校、理科院校、工科院校。另外，高校的精神文化的发展也受到地域文化的影响。例如，如果高校是在北京，精神文化的发展就会受到京味文化的影响；如果高校在湖南，精神文化的发展就会受到湖湘文化的影响；如果高校在湖北，精神文化的发展就会受到荆楚文化的影响。这种影响是经历了几十年的发展而形成的，所以高校在创立自己特色的办学理念时，不仅要从地域文化中吸取精华，也要根据自身的特点。

第二，校长在高校建设中占有极其重要的作用。一个好的校长能带领高校一起发展进步。校长的眼界决定了高校的高度，校长的良好品质决定了高校的名誉，校长的知识决定了高校的专业性。高校是教书育人的场所，人们很看重它的声誉和知名度，所以作为高校发展总设计师的校长起着至关重要的作用。世界上曾经涌现过很多个优秀的校长。例如，哈佛大学的校长埃利奥特，他在哈佛执教四十余年，他倡导选修制，被誉为哈佛大学的奠基者。另外，还有北京大学校长蔡元培，清华大学校长梅贻琦，浙江大学校长竺可桢，南开大学校长张伯苓等，正是他们谱写了各自高校史上的辉煌。由此可见，杰出的校长对办出水平、办出特色高校具有举足轻重的作用。

第三，结合社会发展的需求，与世界其他国家沟通，建立自己独具特色的办学理念。进入 21 世纪以来，市场经济高速发展，各个行业面临很多机遇和挑战，需求大量的创新形高科技人才。为了适应社会发展的需求，很多高校都会与社会各个行业的企业进行沟通，找到企业的需求点，根据市场的变化来随时调整自己的办学理念，只有这样才能向社会源源不断地输入有用的人才。

同时，在经济全球化的背景下，特色的高校办学理念建设开始与世界文化发生了密切的联系。这也客观上要求高校在发展过程中自觉地加快国际化进程，使得自身具备更加宽广的视野。在精神文化领域方面，高校要与世界文化加强交流，学习国外名校的先进办学经验，沟通融会，汲取其中的精华，创新自身的办学理念，为我国的社会主义现代化建设培育出一大批敢于攀登世界科技文化高峰的创新型人才。

### （二）凸显人文精神，更好地实现精神文化建设的育人功能

育人功能的内涵既包括公共道德的培养，也包括私人道德水平的提升。由于中国传统教育观念中长期存在注重私德培养而忽视公德教育的倾向，甚至有私德进入公共领域，妨碍公共伦理的产生和成长，从而对公共领域行为的价值导向产生负面效应的现象。

因此，新时期更要加强公共道德的培养。其主要途径是把人文精神融入各种校园文化活动和形式多样的大学生社会实践活动中。一方面，可以激发大学生的兴趣和积极性，使其从参与中学习知识的同时，更要学会竞争、妥协、合作与公正等公共精神和公共责任，为培养其健全的、健康的人格奠定坚实基础。另一方面，可以使大学生在各种校园文化活动中可以体会大学开放、包容、创新、和谐的精神，使其耳濡目染，在潜移默化中提升自身的思想境界。

私人道德培养的主要途径是人文精神进课堂，使学生的个人人文素质得到提升。充分挖掘和发挥学校的人文教育资源。例如，增加提升人文素质的必修课和选修课，逐步建立起能够覆盖课堂教学、课外活动和社会实践的人文素质教育体系；举办人文讲座、引导学生阅读人文书籍；举办名师演讲团，把学校的校史、校情、名师、名家介绍给广大师生，让他们了解母校精神形成的历史过程，了解大学精神培养的一代代大学学人的光荣事迹。通过在各个层面渗透人文精神，帮助大学生不断提升人格、气质、修养等内在品质，引导大学生正确处理人与人、人与社会、人与自然的关系。

## （三）加强网络文化阵地建设，彰显时代特色的校园精神文化

充分利用和发挥网络文化之利，努力规避和除却网络文化之害，优化校园网络环境，提升校园网络文化的品位，也是构建和谐高校面临的一项重大而艰巨的任务。

互联网是校园文化建设的新载体。新时期高校要积极适应校园网络文化的发展要求，按照"积极发展、加强管理、趋利避害、为我所用"的基本方针，一手抓建设，一手抓管理，使校园网成为师生共同的精神文化家园。

一是在网络中设置专门的学生园地，向广大学生介绍国内外重大时事，让他们了解国情、省情、政情。由于近年来群体事件和公共事件引发学生网络参与越来越多，因此，高校需要积极关注大学生的这种参与需求，并对其正确引导，提升他们的独立思考、鉴别和判断能力。

二是开设网上团校、党校，运用微博、群等最现代化的网络技术传播中国特色社会主义理论和社会主义核心价值观念，以此来武装青年学生的头脑，擦亮他们明辨是非的眼睛。网络技术具有信息量大、内容直观、形式新颖多样的特点，因此在学习思想政治理论方面比传统的教学方式更有利于吸引学生。

三是由于网络教育与传统教育相比的一个突出优势就是互动更便捷，因此应充分利用网络平台为学生设立专门的留言板和聊天室，让学生自由地发表自己的意见和看法，不定期地组织网上的热门话题讨论和网络调查。

　　四是构筑防线，提高大学生的网络道德素质和心理调试能力。开展以网络为平台的大学生心理健康教育、咨询服务，真正解决大学生的思想困境，满足其精神需求。

　　网络平台具有一定的虚拟性，利用网络展开心理健康教育与咨询时，学生使用其虚拟身份，比课堂面对面的交流更容易使其敞开心扉、畅所欲言、表达其内心的真实想法。

### （四）校园精神文化的塑造还离不开教师和高校辅导员主体的参与

　　《中共中央宣传部教育部关于进一步加强和改进高等学校思想政治理论课的意见（教社政〔2005〕5号）》实施方案（简称"05"方案）对大学生思想政治课程进行了较大调整，并且对新时期思想政治理论课教师提出了更严格的要求。思想政治理论课的教学对高校师生的思想觉悟的形成价值导向的作用，是通过对马克思主义基本原理和中国特色社会主义理论的解读、对中国近现代历史的讲解、对大学生思想品德的培养，把社会主义核心价值体系灌输给青年学生，增强他们抵御外来不良文化侵袭的能力。

　　在互联网时代，信息的沟通已经不再局限于空间和时间，人们可以通过网络接触到各个国家的文化。诚然，有些思想是先进的，但也有些思想是错误的，因此，思想政治理论课教学主阵地作用的发挥，对校园精神文化的塑造有着巨大作用。这就要求思想政治理论课的教师不断提升学科素养、科研能力、教学方法，并与学生之间展开有效地互动，关心他们的思想动态和精神需求，及时解决他们思想中的困惑和生活中遇到的实际问题。只有思想政治理论课教学实效性的不断提高，才能使社会主义核心价值体系深入青年心灵，从而有效实现校园精神文化建设健康、蓬勃的发展。

　　高校辅导员与大学生同吃同住，与思想政治理论课教师相比更贴近学生生活，与学生沟通交流更加便捷，更能及时、有效掌握学生的思想动态。因此，高校辅导员从实践的角度出发，通过"第二课堂"对校园精神文化的塑造起到至关重要的作用。这就要求高校辅导员不断提升个人政治理论水平和工作方式、方法，将高校精神文化与校园文化活动相结合，更有针对性地通过校园文化活动和社会实践活动让大学生切身感受到校园精神文化的内涵和提升人文素养。

　　青年是祖国的未来、民族的希望，也是我们党的未来和希望。一个青年只有树立了明确的信仰，才不会在混沌的生存状态中失去自我；一个国家或民族只有培养出具有坚定信仰作支撑的青年，才不会失去凝聚力和前进的动力。高校作为培养青年学生的摇篮，在新时期更要不负党和国家的嘱托、时代的责任，用高尚的大学精神指引新时代的青年。

### （五）对高校校园精神文化进行合理规划

校园精神文化建设工作是一项系统性的工程，要坚持整体性的原则，如果有任何一部分没有完成，都不可能实现校园精神文化建设，因为它最终反映的是校园精神文化建设各个部分统一到一起的效果。高校校园精神文化包含五部分的内容：高校价值观、高校办学理念、大学精神、校风和校训、高校伦理观。这五部分结合到一起构成了校园精神文化，五者缺一不可，因此在进行校园精神文化建设的时候，就必须要做到有序的整体建设。要达到高校校园精神文化建设整体化的目的，就必须对校园精神文化各层面的基本建设进行整体的、系统性的考虑。

对高校校园精神文化进行系统性的建设，首先，就是要对负责高校精神文化建设的领导进行培训，确保高校的领导能够清晰地知道要建设哪种类型的校园精神文化，是独具特色的还是选择建设综合性的校园精神文化，准确把握精神文化建设的方向。要想保证建设不偏离方向，高校就是要根据自身的特点，首先确立自己的办学理念、价值观、伦理观，尤其是塑造出本学校的大学精神，然后沿着这个方向开展校园精神文化建设。校园精神文化建设能取得什么样的进展和成果，很大部分多决定于高校管理阶层的合理设计。

当然，高校还必须在机构建设、人员选择和经费管理上给予校园精神文化以必要的支持，使得高校校园精神文化建设能够成为有本之木，有源之水。只有这样，高校校园精神文化建设才能够沿着正确的方向和道路去健康发展。

同时，高校校园精神文化建设并不是单单一个人或几个人就能办好的，而是要靠每个人的参与才能完成。因此，要想更快地完成高校校园精神文化建设，全体师生要把这项责任牢记心中，从己做起，在教育教学、管理等工作过程中积极想办法推进建设步伐。高校应该制定出各种章程规定，清楚地说明每个人的职责、任务和考核办法，全体师生都遵守这些规定，在校园中形成良好的精神文化氛围和优秀的工作格局。另外，要建立健全校园精神文化建设的组织机构，分为领导组织机构和学生组织机构，领导组织机构的主要成员是党委、团委、学生处为主，学生组织的主要成员是以各种学生社团为主。这两个组织机构是高校的主要群体，所以高校要重点进行校园精神文化建设。主要做好以下三方面的工作。

第一，要培养一批具有高尚道德情操、较高政治觉悟、熟悉国家相关政策的管理者。这些管理者还要具有过硬的专业知识、丰富的教育教学实践的经验，通晓教育教学的有关规律。高校的管理人员都具有很高的知识文化水平，知识是一种文化，管理同样也是一种文化，是必须具备的一种素质。高校管理人员在管理工作中，对学生要报有热情包容、耐心的态度，帮助学生排忧解难，始终热情乐观的心态工作，这才是管理的文化内涵，也是管理育人的内涵。因此，高校的管理工作要以人为本，尊重学生的想法，把严格日常管理和引导大学生们养成良好精神面貌与行为习惯结合起来，这是高校校园精神文化建设不可或缺的软件设施。

第二，要重点培养高校的教师和大学生两方面的领导人。要善于在全体师生中培养出一批具有较高的组织管理和社交能力的人，着力加强对他们的教育和培训，在实践工作中锻炼他们，渐渐地把他们培养成校园精神文化建设的主力军，带领大家一起参与到校园精神文化建设的工作中，也具有示范作用。

第三，要对新入职的年轻老师进行激发和鼓励，鼓励他们学习别的老师的经验，提升自身的知识水平，对学生有耐心，做好教师文化建设。为人师表是对老师的基本要求，其实也是要求教师平时注意自己的行为举止，用自己的行为影响学生的行为，其实这也是一种行为文化。

因此，要求教师们必须积极地提高道德修养和业务水平，做到爱岗敬业，教书育人，为人师表，用自身良好的道德风范和思想政治素质去影响并教育学生。校园精神文化建设的主要针对对象是大学生，但是也不能忽视教师的作用，教师的言行举止、价值观都会无形中对学生产生影响，因此说教师在高校校园精神文化建设中起着引导的作用。教师，特别是其中的青年教师，他们的治学态度、道德品质等表现对广大的大学生能够产生很大的影响，能够调动学生们的主动性和积极性，对整个高校校园精神文化建设具有重要的意义和影响。

### （六）开展健康的精神文化活动

校园的精神文化活动要注重质而不是量，每一次开展活动都要明确活动的意义、目的、具体内容、具体形式。一方面，高校应根据实际情况广泛开展辩论赛、知识交流会、科技竞赛等活动，要充分利用重大特殊节日，比如建军节、国庆节等，展开教育活动；另一方面，要广泛征求意见，比如学生代表、班长等有代表性的意见，强化同学们的自觉意识，让大家自愿地想要参加这样的活动。

此外，思想政治教育者应该不断更新自己的知识体系，分析学生的感情变动和需要，在指导开展精神文化活动时，根据学生的发展特征和心理特点给出合适有效的建议。

# 第五章　新时期高校校园物质文化建设

　　高校校园物质文化建设是高校校园文化建设的重要组成部分，具有物化性、承载性和规划性的特征。高校校园物质文化建设水平能直接展现校园文化建设的程度，并从德育和美育两个方面感化学生。当前，高校校园物质文化建设面临着没有展现特色、忽视历史、功能职责不清等问题。本章分为高校校园物质文化建设的概念与特征、高校校园物质文化建设的原则、高校校园物质文化建设的基本思路三部分。主要内容包括：高校校园物质文化的概念、高校校园物质文化的特征、高校校园物质文化的内容、高校校园物质文化建设的理论基础、高校校园物质文化建设的原则分析等方面。

## 第一节　高校校园物质文化建设的概念与特征

### 一、高校校园物质文化建设的概念

　　高校的物质建设、环境氛围在一定程度上影响着人们对高校的认识和情感。当学生第一次踏进一所高校，就会被它的建筑所吸引；当学生毕业时，会深深思念校园里的一草一木。高校物质建设是高校校园文化的物质载体，是高校师生教育学习的空间基础。高校的各项活动都是在相应的物质设施基础上完成实现的。高校的每项基础设施都承载着相应的功能并体现着文化意蕴。那么究竟什么是高校物质文化的内涵呢？目前学界对高校物质文化的内涵界定各不相同。

　　高校物质文化是校园文化的象征化和实体化。根据文化形态学中的洋葱理论来说，高校物质文化是物质和文化的有机结合。高校物质文化既是一种外在可感知的文化形式，承载体现着高校校园文化，同时它本身又发挥着蕴含在物质中的文化的隐性作用。高校物质文化就好比是高校校园文化的"躯体"，其本身作为别具一格的文化形式呈现，同时它的每一个方面，"一举一动"都体现着高校校园文化的"灵魂"所在。学界学者们对高校物质文化的定义和理解是不同的，但具有一个相同的特点，那就是对高校物质文化的物质依托的认同，即高校的教育教学等活动都是以高校物质设施为基础和依托的。

高校物质文化是高校的载体文化，是大学精神文化与制度文化的物质载体，体现一所大学厚重的文化积淀和精神风貌。其具体形式包括：高校所在的地理环境和周边设施、校园建筑和校园环境、校园基础设施，如雕塑、纪念碑、标语、校旗、校徽、校服等。高校物质文化蕴含于高校物质基础的文化形式，是高校校园文化的物质形态的体现。高校物质文化可以满足高校成员的实用需求，由高校成员创造并作用于高校成员，体现着高校成员的精神面貌和精神需求，以及审美情趣和价值观，蕴含着高校的教育办学理念与追求，体现着高校校园文化中的精髓和灵魂。但需要注意以下几点。

首先，单一的高校环境、物质景观是不能称之为高校物质文化的，我们不能将"物质"和"物质文化"混为一谈。以"物质"形式呈现的环境和物质景观是"物质文化"的载体和基础，就其本身的意义而言，如果脱离了高校这一具有创造性的文化团体，那么就不包含精神价值和文化内涵。正是在高校成员教育教学的实践中，高校的环境和物质景观才被赋予了文化内涵。在这个过程中，"物质"上升为"物质文化"，从而发挥文化的"育人"功能。

其次，高校物质文化中的物质和文化是一个整体，彼此紧密联系不可分割。高校物质基础设施是高校物质文化的载体，也是高校物质文化传播的媒介。正是高校校园文化赋予到高校物质基础设施中，才产生了高校物质文化；而高校物质文化同时也赋予高校物质基础设施以生命和灵魂，使其成为活的精神和文化。优秀的高校物质文化在为高校主体提供活动依托的同时，又发挥着积极的"育人"作用，体现着学校的精神文明传统和核心价值理念。

可以说，高校物质文化即高校校园文化的重要组成部分，是高校进行教学与科研活动的物质依托，是有形的空间基础，表现为有形的实体文化形态。高校的一切校园建筑都是高校物质文化的载体，其外延丰富，如高校的教学建筑、教学设施等，高校的自然风光和环境布局等，还有高校独具匠心、寓意丰富的雕塑、标语等，都蕴含着特定的教育意义、价值理念。将特定的、有教育意义的文化注入高校物态的实体建筑和环境中，便形成了本校的物质文化，体现着一所高校的教育理念和价值观，是高校综合实力的体现，对高校发挥育人作用起着重要作用。

## 二、高校校园物质文化建设的特征

### （一）传承性

万事万物都不是孤立存在的，都有着千丝万缕的联系，相互依存。校园物质文化具有历史传承的特点，把当今文化同历史联系起来，这也是高校校园文化的传承性特征。

在校园物质文化中，没有文化的传承就如同楼房没有基础。每一所高校在发展过程中都积淀了一定的校园物质文化传统，如富有个性的校园主楼就是在高校发展的过程中逐步更新改进，逐步实现适应该所学校发展的专属形式。是这所高校区别于其他高校的独特的精神标志，为校园人努力拼搏，开拓进取提供了有力的精神源泉。

### （二）卓越性

校园建筑是诞生科学的承载体，是教学过程中的主导、是教育的实践之地，理应成为改革开放人才供应的主体；当今的大学生，毋庸置疑地成为日后国家发展的中坚力量和各行各业的骨干精英，大学生也必然成为校园物质文化建设的主体。这就决定了校园物质文化的建设具有较高的文化层次和道德品质，就决定了校园物质文化的建设要比那些其他的社会文化更具有卓越性。

### （三）承载性

校园物质文化的承载性主要是指高校在日常的教学科研生活中形成的一种本高校特有的文化氛围，这种文化氛围以校园物质文化为载体，通过校园物质文化向四面八方辐射，使身在其中的人受到感染和熏陶。由于高校的日常生活会使一些特定的区域、建筑、雕塑具有一些精神意涵，使人一旦身处于此就会产生热爱学习、刻苦钻研、勇于拼搏等精神，这些物质就形成了一种文化的代表，对文化就有了承载的意义，也就是承载性。

### （四）地域性

校园物质文化会因为所处的自然社会环境不同而不同。首先，人文文化是基于当地的客观条件而产生的，物质文化是人文文化的一部分，也应该顺应地方的风格。其次，校园物质文化的产生是基于当地的周边社会环境和人的智慧产生的，与当地文化一脉相承。每个地区都有其独到的特色。高校作为文化的先锋，需充分地融入周围的环境当中。各个地区的校园物质文化都包含当地特有的风格，根据地域环境塑造校园物质文化。

# 第二节　高校校园物质文化建设的原则

大学的物质文化对大学育人的重要性是发挥其自然而然的影响。大学校园物质文化具有大学文化一般的价值，比如它们是思想政治工作的重要载体，也是培养创造性人才的内在需要等；在功能上亦如此，它们都具备教育功能、导向功能、情感功能等。但是大学校园物质文化又有着自身明显的功能。首先，是一种熏陶功能，这种熏陶既包括高校知识的熏陶，也包含一种情怀的熏陶、心灵的熏陶。其次，是一种审美的功能。校园物质文化不能够脱离校园中的各种物质艺术，无论是建筑景观、山形水系还是曲径通幽、园林旧迹，都与大学中的人展开交流，提升审美能力。大学的精神也被赋予在大学校园物质之中，凝结着一所学校的积累与沉淀，这种大学精神也会在无形中改变着大学生的气质。最后，大学校园物质文化还发挥着重要的标识功能。标识功能也就是校园物质文化以外在的表现形式去展示每个大学的校史、特色、风格以及精神等。

具体来说，校园物质文化有很多种表现形式，直接或间接地映射着学校的时代感。英国的传统大学比如剑桥大学或牛津大学就极为重视物质的标识功能，它们非常在意学校风格的协调一致性，反对极度夸张的翻新和建造，所以走近它们的校园，一种历史的积淀扑面而来。校园物质文化对学校的风格和特色也在进行大方的呈现。也正是大学校园物质文化具备标识功能，我们在打造校园物质时需要考虑到这所学校本来应有的气质，既不能丢弃代表这所学校的深厚的文化底蕴同时又不能过于"独特"，因为只有这样才能更好地得到广泛的认同。大学校园物质文化在过去建设的过程中虽然得到了一定的重视，但是收效甚微，在之前已有的研究中研究者也提出了很多富有价值的建设理论与方法并依据了一定的建设原则，可以说探索出了不同的发展方向。综合先前的建设经验与理论探索，结合在建设过程中出现的矛盾和问题，在建设校园物质文化的过程中所坚持的总理念是：从大学中的物质与人这一关键要素出发，以马克思主义唯物辩证法中的人与自然的关系为理论源泉，以主客二分即尊重客观规律与正确发挥人的主观能动性为方法论与从物质建设和人的道德行为两个方向来重建一个和谐生态校园以及和谐生态校园物质文化。具体在建设框架中，首先要坚定一定的建设理念，那就是要坚持大学生既要熟知本校的校园文化也要具有认同感的理念；坚持创造内外生态物质的理念，即"崇尚自然、优化物质，因地制宜，特色鲜明，天人合一"的可持续发展理念；坚持中国先进的传统文化进校园的理念；坚持良好的物质能够对人的行为品德产生积极影响的理念等。最后，在大学校园物质文化建设中要始终依据一定的构建原则并使其贯穿始终。

## 一、方向性原则

高等教育必须坚持社会主义方向，坚持以马克思主义为指导，坚决抵制错误思想的影响。马克思列宁主义、毛泽东思想、邓小平理论、"三个代表"重要思想、科学发展观和习近平新时代中国特色社会主义思想为我国社会发展前进指明了方向，是我党长期贯彻坚持的重要指导思想。高校物质文化建设要坚持方向性原则就是要坚持以马克思列宁主义、毛泽东思想、邓小平理论、"三个代表"重要思想和科学发展观为指导，深入贯彻习近平总书记系列讲话精神，坚持高校物质文化特色建设，以立德树人为本，以爱国主义教育、理想信念教育、道德教育、文化教育为重心，建设有品位的高校校园，赋予校园建设高水准的文化内涵，形成优秀的可传承的大学文化、大学精神，为社会主义建设培养合格建设者和可靠接班人。高校物质文化作为高校校园文化的重要组成部分，在建设发展过程中必须要坚持体现方向性，感染人、熏陶人、发挥"育人"作用。

高校物质文化建设坚持方向性原则包括以下几个方面。

第一，坚持马克思主义文化观为指导。马克思主义文化观是人类历史上伟大的文化精粹，中国特色社会主义文化即是马克思主义文化观指导下与中国实践相结合产生的文化。马克思主义为人类文化的发展提供了科学的世界观与方法论。马克思主义文化观以辩证唯物主义和历史唯物主义为基础，指出有什么样的实践就有什么样的文化，并且文化对人和人类社会具有反作用。这要求高校物质文化建设应当与时俱进，实事求是，既要尊重社会经济发展现状和社会现状，培养符合社会需求的人才，又要站在时代发展的前端，培养创造性人才，推动社会发展。列宁则强调社会主义文化建设继承人的重要作用和教化的作用，要求高校物质文化建设发展要"取其精华，去其糟粕"地处理好与传统文化的关系，注重"育人"功能的发挥。毛泽东同志强调社会主义文化要"百花齐放，百家争鸣"，发展"科学的民族的大众的"文化，坚持为社会、为人民服务。邓小平同志指出要培育社会主义"四有新人"。江泽民同志要求文化发展要"三个代表"。胡锦涛同志强调"以人为本""全面协调可持续发展"。习近平新时代中国特色社会主义思想为我国社会发展前进提供了方向，是我党长期贯彻坚持的重要指导思想。只有以马克思主义文化观为指导，才能保证高校物质文化建设的方向性，有效抵制错误思想的干扰，促进高校人才的全面发展。

第二，坚持中国共产党的领导。中国共产党代表最先进的文化发展要求，是中国特色社会主义文化健康发展的保障。中国特色社会主义发展的实践表明，党的领导是社会主义意识形态的保证，高校物质文化建设只有坚持党的领导才会始终保持在社会主义意识形态范畴，有力抵御西方文化渗透。高校物质文化建设的实践也表明，只有坚持党的领导才会保证高校社会主义办学理念。

这要求高校相关部门高度重视党的政策方针，思想上与党组织保持一致，贯彻党的指导方针，重视高校物质文化建设。高校应当根据党的方针政策，制定明确的有阶段性的高校物质文化发展方针策略，规划短期目标和长期目标，将高校物质文化的发展提上日程，建设文化校园，使高校物质文化与时俱进，为高校主体全身心发展提供精神文化动力。

第三，坚持先进文化的前进方向。经济和科技的发展带来了全球文化大交融、大融合，同时也开创了多元化的文化格局。多元文化下的多元选择对人们的世界观、价值观、人生观的选择造成冲击，也对高校物质文化的发展带来了影响。多元文化相互交融既促进了高校物质文化的发展增添了活力，但是也带来了一些困惑。鱼龙混杂的多元文化和价值观，对社会主义先进文化的领导地位形成了冲击，进而会对高校主体的思想道德品质的成长造成影响。这就需要我们提高文化自我保护意识，在高校物质文化建设的过程中坚持先进文化的前进方向，保证社会主义先进文化的主体地位。高校应充分利用校园网络媒体的作用，大力宣传主流文化、先进文化；利用校园电台、报刊等，突出典型文化事迹和人物，发挥榜样作用；利用宣传栏和横幅标语的作用，让每个高校主体在校园的任何角落都能感受到先进文化带来的满满的正能量，创造具有高校魅力的主流文化，让高校主体主动、自觉亲近先进文化，疏远非主流文化和亚文化。充分发挥高校物质文化的特点和作用，让高校物质文化成为高校主体喜闻乐见的文化，并自觉投入到物质文化建设的实践中来，把建设物质文化、支持社会主义先进文化当成自己光荣的责任和乐趣。

第四，树立全面可持续的高校物质文化发展观。高校物质文化建设是一个长期的发展过程，并且有自己特定的发展规律。促进高校物质文化建设发展应当树立全面可持续的高校物质文化发展观。高校物质文化是高校主体的物质活动依托，也感染熏陶着高校主体的精神活动，高校主体的学习生活又对社会发展产生影响。所以高校应当立足本校发展现状，总结本校物质文化发展的收获和不足，把握物质文化建设的规律，着眼于高校物质文化建设的长期发展，树立全面可持续的高校物质文化发展观。不能仅仅局限于眼前的物质文化建设，而是要立足长远，建设具有特色的、可传承的高水准高校物质文化。这就要求高校物质文化建设要做到"以人为本"，以高校主体为本，统筹兼顾教师和学生还有高校的每位员工，注重文化内涵的人性化，促进人的全面自由发展，发挥物质文化"化人"的作用。另外，高校物质文化建设要更注重从高校和社会更深层次的角度出发，赋予高校物质文化社会价值和时代价值。使高校物质文化在更高的层次上发挥文化育人的作用，顺应时代发展的需求，铸就高校时代精神、中国高校精神，弘扬中华民族优秀文化，突出时代主旋律，并将这些精神内涵深深烙印于高校主体心中，薪火相传地建设高校物质文化。

## 二、客观性原则

在以往的高校校园文化的建设中，建设者往往更多地在充分发挥人的主观能动性，发挥聪明才智而却忽视甚至违背了自然物质的客观存在和人自身客观的成长规律。虽然人为物质不自觉地带有了人的主观性，但是仍然不能抹杀物质的客观存在性。大学的一切事物都是客观存在，我们在创建大学、构建校园的过程中，在培育大学生的时候理应将客观性置于首位，坚持马克思主义唯物的辩证法，只有这样才能够顺应发展变化的规律，正确建设和谐校园物质文化。

## 三、系统性原则

马克思主义认为世间的万事万物无不处于普遍联系之中，并且是一种普遍的、客观的、具体的联系。系统中存在各种要素，每一个要素都会发挥一定的作用，并形成合力。在一定条件下，关键部分能够对整体起决定作用。大学以及高校校园文化本身其实就是一个复杂庞大的系统，各个要素构成了大学整体，大学校园物质文化也是高校校园文化这一整体中的部分要素，所以在建设中要合理兼顾高校校园文化的四个方面，同时也要兼顾大学文化之外的大学其他要素，不要顾此失彼，造成高校校园文化的"失重"。要力求在大学校园物质文化的建设中达到此时无形胜有形的效果。

## 四、科学性原则

在党的十八届五中全会中，习近平总书记在《中共中央关于制定国民经济和社会发展第十三个五年规划的建议》中指出实现"十三五"时期发展目标，破解发展难题，厚植发展优势，必须牢固树立并切实贯彻创新、协调、绿色、开放、共享的发展理念。高校物质文化建设要坚持科学性，即在马克思主义指导下，根据自身实际情况，努力贯彻实施创新、协调、绿色、开放、共享的科学性原则。每个高校都有自身的地理因素和文化因素影响，高校物质建设的方法要具体情况具体分析，但坚持科学性原则是高校物质文化建设应共同遵循的原则。高校物质文化建设要坚持创新。高校物质文化建设应当结合自身特点，创新内容和形式，与时俱进。创新应当立足于优秀高校物质文化建设传统，汲取中外建设理念的精华，推陈出新。高校大学生思维活跃，接受新事物的能力很强，极具创新精神，应当充分调动大学生的创新精神，让高校物质文化建设焕发不竭的创新动力；高校物质文化建设是一个动态的过程、发展的过程，每个阶段都要考虑协调的准则。高校物质文化建设既要主次分明、突出重点，又要全面得当，协调兼顾。高校是培养人才的地方，同时高校主体也需要生活和娱乐，这就要求高校建筑群落功能分明，有主有次，突出重点区域。高校的教学科研区与自然景观区搭配要得当，切不可主次颠倒。

高校物质文化建设应当立足全局，注重发展。高校物质文化建设还要坚持绿色的科学原则。绿色、环保、节约是新时代的热门话题。高校物质文化建设应当注重持续发展，讲求发展质量。在高校物质文化内涵中注重绿色环保精神的植入，注重培养高校主体的环保节约意识，建设环境友好型校园，树立绿色校园意识，爱护校园的一花一草，保护环境，节约水电资源。这样不仅会更好地发展绿色高校物质文化建设，还有利于培养高校主体的绿色环保和节约意识，有利于全方位提升高校主体的道德素养。高校物质文化建设还要坚持绿色的开放和共享的科学原则。高校物质文化的开放和共享是高校全体共享，使人人都能接触并感受到高校物质文化，受到高校物质文化的教育熏陶。高校物质文化建设的开放和共享也是全面共享。无论是高校物质文化的设施建筑还是高校物质文化的文化内涵，以及校园每个角落的物质文化，各种形式的高校物质文化是对高校主体全面开放的。

高校物质文化建设是共建共享的。高校主体既是高校物质文化的建设者也是享受者，要形成我参与、我享用、我骄傲的生动局面。高校物质文化建设的开放与共享是渐进的。在高校物质文化建设的过程中不能一口吃个胖子，应当立足本校实际情况，一步一个脚印，长足发展高校物质文化建设，不断融合社会需求，交流借鉴，不断取长补短，弥补自身不足，才能促进自身发展，增强高校的综合竞争力，发展有自身特色的、高水平的高校物质文化建设。

## 五、适应性原则

这里的适应主要指三个层面。第一是适应自身的发展，第二是适应主体的发展，第三是适应外界的发展。每一所不同的大学都有着自己的发展轨迹与文化背景，不管成长到哪一个历史阶段，都携带着自己独有的基因不断丰富着自己的内涵，所以在建设中要首先以自己的实际能力和现实条件为基础，形成自己的特色，不能盲目仿效不切实际的建设方法。大学中最重要的组成部分是师生。这一主体对大学的发展至关重要，也是大学充满活力并不断发展的关键力量。所以，在建设中要紧密结合师生这一主体，时刻以他们为中心，深入挖掘他们的内心需求，时刻把握他们的发展规律，在此基础上创造出和谐的校园物质文化，从心灵深处感化他们，从无声无息中影响他们。

大学不是一个封闭的场所，不是与世隔绝的象牙塔。大学是一个社会，无时无刻不在与外面的世界发生联系。大学文化在引进来的同时也要走出去，形成一种开放的文化氛围。大学要主动地适应经济社会的发展，更好地发挥服务社会的职能，反映到校园物质文化中就是要跟得上时代进步的潮流，在大的文化背景中正确地创造各自的校园文化。

## 六、主体性原则

社会的发展离不开人，高校物质文化建设的发展也离不开人，并且高校物质文化是为人服务的。高校物质文化的发展要坚持主体性原则，激发高校主体对高校物质文化建设的热情和潜质，充分调动高校主体的主观能动性和创造力，号召其积极参与到高校物质文化建设中来，用亲身实践来创造属于自己的特色物质文化。

### （一）高校应充分调动高校领导主观能动性

高校领导对高校物质文化建设具有决定权，领导的理念和意志直接决定着高校物质文化建设何去何从。高校领导不同于高校师生，高校领导往往是站在高校物质文化建设的战略层面思考高校物质文化建设发展问题。因此，调动高校领导的主观能动性有利于高校领导从科学的全面的角度出发，更积极主动地投入到高校物质文化建设中来，承担起决策者的责任，提出建设性意见，发挥创新精神，对建设高水平高校物质文化起到带头作用。

### （二）高校应调动广大学生的主观能动性

高校学生在高校中数量最多，思维最活跃，最具首创精神，同时也是高校物质文化建设的中坚力量，也是高校物质文化消费的最主要群体。调动高校学生的主体性就要赋予他们更多的发言权。我们应当调查采访高校学生对高校物质文化建设的想法和建议，充分肯定他们的创造力和想象力，把他们喜闻乐见的文化形式表现出来，让高校物质文化建设不再是遥不可及的空中楼阁，而是"接地气儿"的受欢迎的文化。这将更有利于高校物质文化发挥"育人"的作用。同时，高校学生在创新实践高校物质文化的过程中也享受到其中的快乐和感悟，有利于将优秀的文化传承下去，带到社会中，感染、鼓励更多的人。

### （三）高校应调动高校教师的主观能动性

高校教师是人类灵魂的工程师，是高校长期不变的主人，也是高校物质文化的传播者。高校教师对高校物质文化的传播贡献是不可估量的，他们把优秀的高校物质文化传播给一批又一批不同的高校学生，同时又与不同的学生一起丰富着高校物质文化的内涵。调动高校教师的主体性，就是巩固高校物质文化建设发展的根基，将会事半功倍地促进高校物质文化建设事业的发展。高校教师的自身素质也会在这个过程中得到提升，成为高校物质文化建设中最宝贵的精神资源和火种，增强高校的师资力量，提升高校的综合竞争力水平。

### （四）高校应调动高校其他员工的主观能动性

高校员工，包括在高校就职的非师生群体，他们为维护高校物质设施完善提供保障。完善整洁的高校环境给人身心愉悦感，有利于高校物质文化发挥作用，而破旧不堪的高校物质文化环境则给人不好的印象。高校员工的日常工作就是维护高校物质设施完善，为物质文化建设维护载体依托。调动高校员工的主体性有利于为高校物质设施依托提供完善的保障，为高校主体的日常活动提供载体保障，更有利于高校物质文化建设的顺利进行。

## 七、创新性原则

创新是进步的源泉。高校物质文化建设只有不断地创新才会焕发生命力，生生不息。坚持创新性原则就是要求高校物质文化建设，根据时代需求，不断更新自身的文化内涵和表现形式，满足高校主体的精神文化需求，不断促进社会主义文化的发展繁荣。随着时代的发展，科技的飞跃，事物更新换代的周期越来越短，只有适应新环境的文化表现形式才能适应时代的需求。高校物质文化建设应当结合自身的特点和服务群体的特点，取长补短，不断推陈出新，让自身焕发勃勃生机，去感染高校主体。同时，高校主体也应当发挥自身的创新意识，将新的思想、新的文化形式注入高校物质载体中，形成强有力的高校物质文化。

此外，高校的物质文化建设规划和设计也应当遵循创新的原则，打破原有的思维模式，尝试新的设计布局。最重要的是高校物质文化的创新要在原有的文化基础之上，既继承又创新。创新不是标新立异的脱胎换骨，而是在原有的基础之上，结合自身发展特点做出新的调整和改变。

与此同时，创新是有一定的度的。创新要符合社会主义文化的发展方向，不能盲目追求创新或者一味崇洋媚外，这种创新是不可取的。高校物质文化的创新可以是物质设施的创新、景观设计的创新、文化内涵的创新、表现形式的创新，在这多种创新之中，我们应当更加注重文化内涵的创新，符合时代发展的要求。如当今应当注重"中国梦"和"文化自觉"的创新，只有这样才能站在时代发展的前沿，创造有时代意义的高校物质文化。

## 八、艺术性原则

艺术性原则看起来非常抽象，而实际上艺术性原则无处不在地影响着高校主体的生活。艺术是人们社会生活的写照，能够反映并满足人们的精神需求和意识形态需求。高校是思想活跃，也是高品位的文化场所，拥有艺术性的高校物质文化是培养高品位人才的摇篮。高校主体的生活学习离不开高校物质环境，其中有高校自然环境和高校人为环境。高校主体的各种实践活动不断改变着他们周边的环境，同时不同的环境也对高校主体产生着不同的影响。在高校的教学活动中，大多数是通过一些显性的课程来改变高校学生的思想，这种显性的课程形式具有局限性，对身心正处于叛逆期的高校学生而言，效果发挥得不够充分、全面。而高校物质文化环境却通过一种潜移默化的形式暗示性地、隐性地对高校学生起到教育作用，这种教育的产生往往离不开艺术性原则。高校现代舒适的建筑环境、层析分明的园艺设计、蕴意深刻的雕塑、丰富多彩的宣传栏、教学区寓意深刻的名人名言，处处显现着人性化的艺术原则，给人以美的空间、身心愉悦的感受。

坚持艺术性原则，就是在同学晨读的地方放上藤条椅，在通往自习室的路上种满芬芳艳丽的花朵，在图书馆的玻璃窗外有蔚蓝的湖水可以眺望，在宿舍的墙边有爬山虎爬到你的窗前，路旁精致的垃圾桶让你不忍心乱丢垃圾等。这些让人流连忘返的校园一角，还有鸟语花香的陪伴，给人满满的正能量，将枯燥的学习生活变成快乐的享受，调节高校主体的身心，激发他们奋发进取的斗志。艺术性的原则指导高校物质文化建设应当既理性又感性，全方位、多层次地调动高校主体的生活学习热情，使高校主体的心灵得到净化，对生活和学习的认识更加深刻，思想境界自然而然得到质的提升。

## 九、继承与创新原则

继承和创新各自都代表着两层含义。继承就是要合理地传承历史遗留下来的优秀文化传统、大学的精神理念等；同时还要注重保护，即保护物质资源、保护传统文化。而创新就是要不断寻求突破，不因循守旧、故步自封；而且关键是要进行批判，在创新的过程中学会辨别不良的文化风气，批判低俗的文化形式。任何类型的大学都是遗传和继承的产物。

因此，在校园物质文化的建设中，既要继承经典的大学文化精髓，也要学会保护自然、保护文化；既要创新文化也要舍弃不良文化。不能走先开发后保护的老路，也不能全盘吸收、不加甄别。

# 第三节　高校校园物质文化建设的基本思路

## 一、高校物质文化建设的基本思路

### （一）从校园物质优化层面建设高校校园物质文化

1. 建造大学多元物质文化宁静圣地

大学校园物质文化是高校校园文化的基础与外在表现，在发挥育人方面起着十分重要的作用。同心圆结构的高校校园文化的建设除了要依靠校园精神文化这一核心区支撑，也要靠校园物质文化这一外圈所捍卫。大学校园物质文化作为最直接影响大学生身心发展的文化应该做到以有形的存在发挥无形的价值。物质是人们赖以生存和发展的自然条件和社会条件的总和。我们在建设大学校园物质文化时，要遵守马克思主义关于人与物质相互作用过程中的主观能动作用的思想，不断改造旧物质，创建新物质，也即是创建我们的"大楼"。而现代大学之大楼是大学存在的主要物质力量，狭义的大楼是指校园的高大建筑群，广义的大楼却包括校内各种现代化建筑物在内的一切硬件教学设施，主要包括如图书馆、宿舍、教学大楼、运动场所等建筑物；大楼中的各种硬件装备和设施，如体育场所的运动设施、实验室里的各种仪器等；最后还有校园内全部建筑在内所体现出的一种大学生文化底蕴，这是一种外延性的能够代表大学精神的象征，如肖东发笔下北京大学的燕南园足以见证北大悠久不衰的历史沉淀。这就需要处理好大学校园物质文化中大师与大楼的关系。建设现代大学既需要大师也需要大楼，这不仅是现代社会发展的需要，构建和谐校园的需要，也更是培育高素质人才的需要。大楼代表着现代大学的硬件体系，是大学存在的重要物质力量，因此必须加强大学的大楼建设，合理构建和规划大楼及设备，更新资源，但不可盲目追求大楼规模与浮夸风气。同时，大学的大楼应该尽可能地吻合一所大学的历史特征与人文情怀、创造条件，形成自己的大学文化传统并传承以往。

另外，现代大学并不一定是培育大师的地方但是可以甄选大师，现代大学要学会多挖掘真才实学、具有大师风范的大师，避免大师稀缺的局面。良好的大楼物质也是吸引大师前来的主要砝码，同时在大学内部培育他们良好的职业道德，从而影响学生的品行。北大的沙滩红楼、民主广场不仅有着沧桑的背景，同时也回荡着李大钊、陈独秀、鲁迅等大师的身影，燕南园的湖光塔影不仅记录着北大悠久的历史、独特的人文精神与应有的性格，同时也居住着在泥石砖瓦下闻名于世的学术大师们：数学家江泽涵，经济学家马寅初，哲学家冯友兰，美学家朱光潜，文学家冰心等大师无疑验证了"山不在高，有仙则名；水不在深，有龙则灵"的佳话。也只有在了解这里的一山一水以及学术大师之后，北大的人文和风物才能结合在一起体现出幽深隽永的魅力，也才能发挥北大独有的精神气质并达到育人的效果。具体从生态物质的角度来看，大学校园物质文化要遵循一定的生态规律，保持高校内部生态系统的稳定与平衡，合理美化校园，可以适当借鉴国外或者国内校园物质文化建设效果良好的高校，进行规划布局，区分功能区，树立持续发展理念，合理配置校内资源，充分利用现有资源，避免美化过度，塑造简洁大方、曲径通幽的宜人校园。从学校硬件设施来看，大学要实现真正的现代化，努力实施技术更新和创新，适当增加投入比重，并加强硬件设备的及时学习与管理。从景点建设来看，不管是山形水系还是草坪植被都应当立足于本校的历史发展，传统文化，重视标志性建筑或者标志性景观的建设，使大学生一踏入校园就有一种历史的积淀与厚重之感。高校校园文化不是不着边际的盲目创建，亦不是死气沉沉的循规蹈矩，大学校园应当在规划和建设上独具匠心，使其充满艺术的氛围。只有这样，大学生才能发挥出不可估量的创造活力，知识才会在这样的校园里竞相迸发。除了要时刻牢固大学校园物质文化这一基础地位，高校校园文化的精神、行为、制度也应该协调发展。

从大学校园行为文化来看，高校校园文化建设离不开行为活动的实践。丰富多彩的行为活动丰富了大学生的学习生活，反映着时代精神。校园行为文化应该充分开展主题多样的课堂活动、节日活动、纪念活动等，同时紧密结合优秀传统文化，从而更好地调节大学里的各种人际关系，调整大学生们的学习、生活节奏，使其放松身心。

此外，要充分利用校内资源开发活动空间，汲取国外相关文化的先进性，严格管理行为文化，形式上要力求突破，使之更有意义和价值。从大学校园制度文化来看，最重要的就是要做到有的放矢，无论是高校领导制度、教育评价制度、组织人事制度还是工资分配制度等都要透明并发挥正确的激励作用。其次，制度要有针对性亦要有可操作性，不能脱离人而片面存在，要与时俱进，切实根据客观条件的变化而及时更改。最后，大学应该不断完善高校的日常规章制度，这是高校日常运行最基本的保障，要做到科学性和历史性的统一。同时，高校应该实行民主的管理制度，大力发展民主建设，建立相应的监督机制。大学不是封闭且缺乏理性的，而是开放和理性的，在大学制度的确立中还要充分体现出大学生的主体性，更加重视人性化管理，显现出大学的人文关怀。

从大学校园精神文化来看，它体现在校园文化的方方面面，需要体现出一定的价值取向，体现出以社会主义核心价值观为基础的高校人文精神以及高校最应该具备的科学的批判精神。大学精神文化在渗透中影响成员的价值观念，要建立优良的校风、教风和学风，在校园文化的创设中时刻要体现出一所大学的精神和魄力。要处理好传统和现代的关系，坚持继承和发扬中华民族优秀文化传统；要处理好思想政治交友与大学校园精神文化的关系，还要大力加强德育文化建设，从而推动大学精神文化健康发展。

总之，学校空间的配置必须顾及师生生命安全和多方面发展的需要，顾及开展教育活动、满足交往与表达的需要，并注意空间分隔的固定与灵活、功能的通用与专用等区别。大学校园物质文化并不是孤立存在和发展的，而是需要大学校园多元文化的相互融合和创建，大学这一充满学术的象牙塔也应有了校园文化而变得朝气蓬勃，大学生的身心和道德品格也会在大学文化的熏陶下实现自我完善，也才能充分体现出"大学之道，在明明德，在亲民，在止于至善"的育人宗旨。

2. 植根中华民族传统文化优良土壤

大学校园物质文化不仅仅是一个孤立的存在，它同时也是一个发展的存在。这也就是说大学校园物质文化的建设离不开文化本身的不断丰富、不断扬弃。当前大学普遍存在价值虚化现象，体现在校园物质文化中就表现为"有形无神""形式大于内容""艺术性大于实质性"等，这种"表面功夫"足以警示我们重新审视大学校园物质文化的价值何在。大学校园物质文化之所以出现了如此大的偏颇，关键在于它背离了文化的基本属性以及优秀传统文化的巨大价值。当今高校中还存在大众文化的迅速繁衍后大学校园主流文化的缺失现象。大众文化最早可以追溯到19世纪至20世纪的西方社会，在兴起阶段是以人民大众的休闲娱乐文化的形式出现，例如无声和有声电影、期刊后来又逐渐变成度假产业。简单来讲，大众文化就是那些越来越繁盛的大批量、标准化、单一化的文化产品，并使得人们的生活方式格式化，改变了人们的创造力而缺少特色。法兰克福学派是20世纪西方马克思主义的代表学派，这一学派是对大众文化严厉批判的代表，否定了大众文化的价值，将大众比喻为吸食鸦片的温顺的奴隶。大众文化潜移默化地影响着人们的思想行为，人会被自觉地去接受大众文化，被大众文化所异化。虽然法兰克福学派对大众文化的批评是片面的，但是大众文化的确有着一定的消极影响。在我国，大众文化和市场经济的发展同步兴起，市场经济和传媒的发展为大众文化在中国的产生和发展提供了良好的物质。大众文化触及社会生活的方方面面，反映到高校的校园物质上来，大学生拥有最鲜活的思想、敏锐的洞察力以及非常超前的品位，他们在追求万事万物的新鲜感，希望永葆青春的时尚与风采，成为大众文化首要的追求者，而大众文化也对当代大学生的思想观念、审美意识、行为方式等产生了重要的影响。大众文化对大学生的影响有着积极的一面，它不仅扩展了大学的人文教育物质，提供大学广泛的传播媒介，而且还给予大学生丰富多彩的大学生活。但是大众文化的消极性逐渐影响着大学校园和大学生群体。如今的大学校园充斥着来自西方文化的工业产品，导致大学生对流行文化的盲目推崇和审美曲解，大学生们逐渐失去了坚定地理想信念，大众文化的乱象使得大学生群体丧失了分辨和审美能力，过分追求时尚的伪个性。由此，大学生的行为习惯、道德素质急剧下降，不知不觉中影响着整个大学的物质文化。

相反，我们社会所倡导的属于我们自身民族的主流文化被抛之脑后，反而被认为是过时的文化代表。高雅的、具有人文精神的中华传统文化以及社会主义核心价值观等主流文化在高校中已经逐渐缺失。所以，现阶段我们有必要将大众文化与主流文化的价值进行衡量，把握当前的文化背景，创造文化校园。马克思主义认为不管是何种形式的文化，其蕴含的核心价值观都从根本上规制着文化的基本属性即文化的意识形态属性。也就是说，意识形态的性质影响了文化的方向以及创造，而文化又对意识形态的生成和建构具有反作用。由此，大学校园物质文化的建设需要良好的意识形态进行有效推动，社会主义核心价值观无疑是现阶段融入大学校园物质文化建设中的毋庸置疑的核心力量。

社会主义核心价值体系是社会主义意识形态的本质体现，也是马克思主义中国化的最新成果之一，将它作为主导力量占领校园文化阵地才能够内化到师生的内心深处。但是，社会主义核心价值观并不是简单的口号，也不是简单的词语堆叠，而是潜藏在文字背后深刻的中华民族优秀的文化历史与传统。中华民族优秀的文化从广义上来说就是曾经在历史上产生过重要价值的文化，就是有利于人类社会不断前进的文化，包括物质文化遗产、自然科学成果以及诸多文化遗址等。当然，民族传统的手工艺、民族器乐、美术等也是历史给我们留下的宝贵的遗产。而中华优秀文化传统之精华在于宇宙人生观、道德伦理观以及现如今的核心价值观等具有丰富内涵的思想观念。我们现在要做的就是要将中华民族优秀的传统文化植根在大学生心中。

从文化人类学和教育人类学的意义上看，文化传承是指文化从上一代传到下一代的过程中，智力因素和非智力因素的影响作用，既包括一些技能和技巧的传承，也包括体能和生理因素的影响。在大学校园，大学主体也只有通过文化传承，通过具体的文化实践才能使得自身的道德与意志、体能与智力的全面发展。文化传承的过程中不仅是传统的实质教育，即将知识传授给学生，更重要的是一种素质教育，也就是要把传播知识当作培养人的手段，而且文化传承的过程中需要一定的媒介，这也就是所谓的大学校园物质。只有具备了以上两个条件，在大学校园物质中传承中华优秀传统文化才变为可能。

具体而言，目前大学校园物质文化虽然体现着我国传统文化的运用，但是无论从规模上还是方式上都没有达到理想的效果。所以，大学首先要做的就是要大力弘扬中华优秀传统文化，对我国传统文化进行价值判断，将最适合大学生并且容易被接受的传统文化提炼出来，融入校园物质。当前最常见的就是物态空间悬挂的名言警句，或者自然空间里的诗词佳话，以及少数高校在校园里主推的校训文化，除此之外基本呈现出单一性特点。

因此，大学校园应当加大传统文化的投入力度和广度，在正确诠释经典弘扬优秀文化的基础上创新，使得大学校园物质文化具有开放性和超前性，比如在大学校园物质中设置电子讲堂，传播民族歌舞、民族音乐等艺术形式；在校园的物态空间上增加民间美术作品或博大精深的书法艺术；要将校歌、校训等彰显学校特色的元素极大可能地用一定的载体呈现出来并安放到突出位置；在校园物质中多增加具有红色氛围的艺术作品或者装饰；在校园整体建筑或风景上多采取融入具有传统文化风格的思路等。大学生之所以对自己的母校缺少应有的认同，正是因为他们没有感受到优秀校园文化的熏陶，没有感受到大学校园物质文化的文化魅力。只有将优秀传统文化植根于我们的大学校园物质文化，大学校园物质文化才会具备一定的基质，才能够使得大学校园物质文化生生不息，也才能更好地彰显大学校园应有的文化魅力与高雅气质。

3. 促进大学校园物质文化和谐统一

大学校园物质文化不是一成不变的，它也受到客观条件的制约与影响，所以建设大学校园物质文化需要用历史的辩证的思维。大学校园物质文化的建设可以用一对充满矛盾的词语进行简单概括，那就是"变"与"不变"。所谓的"变"就是改变，是更新，是创造，是继承，而"不变"则是一种稳固的、必然的大学核心要素。大学校园物质文化之所以要寻求变，是因为学校文化要不断适应各种外在的条件变化。大学校园物质文化也只有寻求客观条件的变化而跟着作出相应的调整，以适应大学的文化需要，才能够引领大学生不断变化的思想与心灵。但是，改变并不意味着没有范围，创新与提升文化品质需要掌握一定的度，把握好那个关键的节点，有张有弛，在迎合外界以及自身的变化中不失方向，不失大学的根本。这就需要审视"不变"的大学根本即大学精神的重要性。

在《大学》这一经典著作中提到"大学之道，在明明德，在亲民，在止于至善"，这是对于大学精神最经典的论述。它区别于其他社会组织的精神而关乎大学发展的价值取向与精神风貌，承担着自己的历史使命和社会使命，同时是在一个时代的精神上逐渐形成的。大学一直以来都被视为象牙塔，它是独立于又离不开主流社会的净土。自大学产生之初，大学的功能仅仅被认为是传授高深学问的场所。纽曼的教育观念深入人心而且又主张培养大学生的理性，使人成为真正意义上的人，他所倡导的大学精神具有纯粹的形而上的内在价值。

可见，不管是在大学里学习高深学问还是做学术研究，都需要大学精神这一催化剂。大学教育肩负着对自身大学精神的锤炼以及对大学生传送精神的责任，大学精神充满了对人的道德关怀。但是现如今大学恰恰忽略了大学精神的塑造，尤其是在适应各种变化的过程中大学校园物质文化的建设也缺失了大学精神的注入，大学正处于工具理性的氛围中，纯粹以精神文化去感化学生的大学理念正逐渐衰微，大学生精神世界的空虚、意志品质的薄弱、生活气息的浮躁都是因为缺少了大学精神文化"润物细无声"地对心灵的净化。没有价值理性的大学，是丧失灵魂与信仰的大学。若把大学比喻为一个生命抑或一个有机体，那么失去了大学精神的大学就显得苍白无力，只有华丽的外表而没有血肉。

因此，我们应该努力促进大学校园物质文化的和谐统一，将"变"与"不变"这一矛盾解决好，守护大学的防线，才能构筑大学的驿站。大学说到底应该成为我们人生中的一个驿站，无论长幼与阅历深浅，大家都能在这样的物质中成长思考，相反在别的空间内无法体会到这种特别的地方。究竟大学特别之处及优势在哪里？现在大学虽然是社会上唯一的学位授予机构，也只有大学才能颁发对于多数人来说稳定、舒适生活通行证的学位，它被授予那些参加特定文化和社交活动的学生。

除此之外，我们必须正视大学存在的合理性。在中世纪探索普遍学问的场所中，大家围坐一堂，讲授、背诵、辩论，是教师和学生共同组成的团体。英国哲学家、数学家怀特海指出，大学存在的理由不是因为学生可以获得知识，或者给教师提供研究知识的机会，而是因为无论老少都可以一起参与对学问富有想象力的研究，从而保持知识和生活之间的联系。充满活力的气氛产生于对知识的改造，一件事实也就不再是纯粹的事实，因为它被赋予了全部的可能性。也就是说，在大学这样的物质下可以催生无限的想象力。

总之，守护大学防线的首要因素就是要坚定这样一种信念，大学是最高的教育层次，是在培养有着良好道德情操和精神品质的人才，只有经历大学精神熏陶下的大学的生活，人才可以成为一个有着健全人格的社会人。虽然在信息社会大家足不出户就能学习到来自全球的知识信息，但是大学是一个现实的社会，是一个群贤毕至之地，我们的学习最好受到大学精神的熏陶。在这样的驿站里，同学们可以携手在个人兴趣方面志趣相投的人习得应有的品德和修养。综上，无论大学校园物质文化如何创新发展，都要在与时俱进的基础上承载大学精神，使之形散而神不散。

## （二）从大学生德育层面建设高校校园物质文化

### 1. 重视君子人格的培育

大学校园物质文化有育人功能，关键在于如何发挥育人功能和育什么样的人的问题。如何发挥育人功能前面已经提到，而育什么样的人则在我国古代就有明确的指向。在《论语》中，"君子"人格成为主要的教育目标，提倡要修己。而在现代语言系统中，"君子"指道德纯美、志趣高洁的人，包括君子的仁义道德、德智兼备；待人之道、克己之道；和谐处世、刚柔并济等。作为君子，既要求在内在品质上向善、高尚，又要在行为表现上得体、高雅，只有二者兼得，才能成为真正意义上的君子。培养君子人格是古代的教育目标，并认为君子是能"与天地合其德，与日月合其光，与四时合其序，与阴阳合其吉凶。先天而弗韦，后天而奉天时"的大丈夫，这其实就是要培养我们现在"德才兼备""德智体全面发展"的人。《周易》中的《乾》《坤》二卦准确描述出了天下万物产生和发展的内在轨迹，前者代表天，后者代表地，两者相结合就代表阴阳。于是"阴阳一体""阴阳交合""阴阳之道"就成为世间万物存在的理由，如果离开了合二为一的阴阳，那么也就无所谓物质的存在。"德""才"就好比太极中的阴阳不可分离。回到教育当中，这两者也是我们实施教育的起点和归宿。"君子"应该将天、人、地统一于自身，采取天地和谐的宇宙人生观。儒家"天人合一"与道家的"天人合一"运用到教育当中就体现在要以培养"德才兼备"的君子为终极目标，只不过一个忠实于人伦道德，一个忠实于自然精神。现如今我们的教育倡导"立德树人"，大学的校园物质正是立德树人的阵地，关键在于学校应该如何"树人"，如何培养君子人格。为此，孔子也提出了具体的培育目标，那就是"仁者无忧、知者不惑、勇者不惧"。也就是说，我们现在既要培育学生的德性，也要培育学生的才能，更要提升学生的胆量和魄力。

《礼记》中的《大学》也指出"格物、致知、诚意、正心、修身、齐家、治国、平天下"的教育目标。孔子认为，学识渊博是衡量一个人是否为君子的重要标准，所以大学生应该首先成为一个学识渊博的人，而且也应该养成一个有良好的学习态度和方法的人。君子理想人格中最重要、也是最关键的衡量标准即是否拥有高尚的品德。一个人做他应该做的事，纯粹是由于这样做在道德上是对的，而不是出于在这种道德强制以外的任何考虑。所以大学生应该在教育过程中提升自己的思想道德，具备仁、义、礼、信这四个方面。孔子本人就说过："君子喻于义，小人寓于利。"君子，不仅要求内在修养极高，道德品质高尚，也要求外在的庄重优雅以及外在行为的规范。所以，大学生还要注意自己外在的表现、外在的容貌以及行为规范的养成。

以上君子人格的培育需要家庭教育和学校教育的双重努力，合理树人。家庭教育是中国传统的重要教育方式，家庭教育是否恰当将对个体一生产生重要影响。在教育上难免出现重物质、轻精神，重学习成绩、轻行为习惯的问题。多数父母使大学生在物质生活上的给予比精神上、心理上爱的给予要多得多，大学生因此失去了对物质世界的正确的价值观，不注重自身生活自理能力、卫生习惯的培养，不注重自身文明行为的养成，形成自私自利的个人主义。而大学的德智教育也不甚完善，存在的失衡问题比较严重，错过了学生道德人格塑造的关键时期，在学生的道德养成上缺乏及时有效的引导，导致了当代大学生君子人格的缺失。所以，合理树人培育君子人格不仅需要大学生自身朝着正确的方向努力提升自己各方面的能力，还需要家庭教育和学校教育能够采取正确的方式进行培育，转变原有的培育路径，要从大学生真正的需求入手，转变教育方式，以阴阳二分的思路进行培育。只有这样，德才兼备的人才目标才会实现。

2. 自然天性与习惯养成

大学生除了要培育高尚的人格之外，也要注意运用恰当的教育方式。在我国，不管是学校教育还是家庭教育都没有能够做到合理树人，都不约而同地在树人过程中偏离了轨道，走向了另一条看似正确实则背道而驰的"塑人"之路。学校教育被家长寄予了厚望，希望将自己的孩子塑造成一个优秀人才，而家庭教育中的家长也是望子心切，想办法不要让自己的孩子输在起跑线上，最终的结果只能是差强人意。这正是因为学校教育和家庭教育在教育方法上的失当，外在的塑造与强制性带有一种塑造者主观的意愿，反而忽视了被塑造者自身内在生长规律与内在需求，这也就是为什么有些孩子在接受教育的初期和后期不管是在学习上还是生活中反差巨大的原因。这就好比一个未熟透的水果，外表很有卖相，看上去已经十分成熟，可是仔细品味，内在却十分生涩，暴露出一种急于求成的现象。现在很多学生也都有着类似的现状，表象上被教育得非常到位，但是内心的情感道德、思想品格却没有成熟甚至产生了可怕的心理，比如逆反心理、攀比心理以及盲目自大的心理等。

西方的著名教育家卢梭的《爱弥儿》就集中论述了自然人的塑造、儿童的教育思想等。在卢梭看来，人最重要的权利就是自由，教育必须保护儿童善良的天性，使他们身心得到自由的发展。于是，自然教育思想在《爱弥儿》中体现得淋漓尽致。爱弥儿完全是从人的天性出发来学习和生活的儿童，符合了卢梭反对压制儿童的个性，要让儿童有充分自由活动的条件，把儿童培养成自由的人的思想。在家庭教育方面，卢梭主张让父母把孩子放在农村去教养，他认为"城市是坑陷人们的深渊"，在城市里只能使孩子沾染不良的风气，不利于孩子的身体健康发展。而在农村，人们单纯善良，在大自然的熏陶下还可以磨炼孩子的意志，培养他们坚强的性格，促进身心的健康成长。他反对父母们在孩子一出世时，就把他放在襁褓中，使得孩子在生命之初就要学会忍受限制。一些城市中儿童甚至会养成狂妄乱行的骄纵习惯，从而对孩子淳朴的天性造成冲击。在学校教育方面，学校往往不顾儿童的天性发展，不重视年龄阶段的重要性，把成人时期所理解的事物、所应该做的事强加于儿童阶段，把儿童当作"小大人"，儿童虽然学会了许多符号和抽象的知识，但也离事物的自然状态越来越远，抹杀了儿童阶段原本应有的自由的天性。这种不良的社会习惯是与天性相背离的。

从表面上看，卢梭一方面承认教育的重要性，认为通过教育培养起来的习惯是人的第二天性；另一方面又认为培养习惯的教育会使人一步步脱离自然的状态，使人的内心发生改变，所以反对这种所谓的习惯。看似冲突的两者之间其实在卢梭的笔下又有着统一的一面。卢梭坚持认为人天生是善良的，只是一旦被社会的泥沼所污染，人的天性将永远无法复原本真的状态，所以，卢梭认为社会的所有邪恶把人类引向了不平等与奴役。但是，卢梭清醒地知道人类社会的进步是不可避免的，也是无法阻止其向前发展的，相反人应该去引导社会而不是在社会面前屈服。他向往善的社会，所以通过教育养成符合善的标准的习惯是可以被接纳的，这也就是天性与习惯的统一性所在。在教育方法上，卢梭力求教育能启发儿童的自发和自觉。当他哭着想要某种东西时，作为家长或者老师所要做的不是要将这件东西递给他，而是引导儿童朝着这件东西的目标前进，让其力所能及地去主动获得。卢梭在《爱弥儿》著作中所论证的天性与习惯的辩证统一关系在大学生的习惯养成教育中也同样适用。正是因为在小时候或者青年时期行为习惯没有得到应有的养成，所以大学阶段仍然需要在尊重客观规律基础上的习惯养成教育。在卢梭眼中人的本性是纯洁的，是善的。随着后来社会的进步，人的本性才开始发生改变甚至扭曲。但是卢梭坚信可以通过自然教育来恢复人的自然本性，也即通过人们自由与善良的社会中的好的习惯也就是按照自然的规律去培养的习惯来提升天性。我们的传统教育应该改变以压制学生的成长为主的教育，应该使得他们按照自己的意愿去做自己想做的事情，天性得到解放，把他们当作一个独立的个体，每个人有每个人独特的天性以及人格和思想，学校和家庭所关心的应该是孩子真正所需求的东西，尽量让他们在自由宽松的物质下，按照自己的想法快乐地学习和生活，从而避免卢梭所诉说的观点"父不父，母不母，则子不子"的现象发生。同时，卢梭的自然人是不能离开社会的，社会是自然人赖以生存的条件。那么回归现实中来，大学生的习惯养成教育也同样不能够脱离大学物质以及大学生群体，这就要求大学生在学校学习主导课程的同时更应该走出教室、走出学校与周围的人进行沟通交流，积极锻炼身体参与社会实践活动等，只有这样他们才可以学会独立思考，引发他们学习的积极性，培养他们大胆质疑、勇于解疑的能力，他们的思维和创造力才能得到发展，判断是非的能力才能够得到增强，让他们在遵循自己内心想法的同时能够始终坚持正确的人生观、价值观和世界观，成为一个有条理、有分寸、有良好的行为习惯和道德高尚的人。有了条理，事物才能分别类居，不相杂乱；有了分寸，事物才能尊卑定位，各适其宜。

所以，我们应该走出教育的误区，重在树人，就好比培育树木一样遵循树木本然的生长规律，尊重一切生命的不确定性、客观性，世界上不存在两片完全相同的树叶，不能强行把人们培养成一个类型的个体，每一个受教育的人都充满了自己独特的个性。人的本质属性虽然是社会性，但是人也就有自然属性。"天之大德德曰生"，我们应该在育人的过程中尊重自然属性，使其自发生长，实现天下最大的道德。

### 3. 物的开发转向心的感化

心理学家威尔逊所讲到的"护花原理"是针对"破窗理论"所提出的一个影响人的行为的方法。如果说"破窗理论"是从外在的物质育人，那么"护花原理"则是从内在的心灵感化人。大学生之所以在面对那些警示语或者条条框框时无动于衷,很大程度上是因为他们从内心深处不认同这些言语,甚至产生了反感情绪。通过调查也反映出一部分学生对校园里的提示性语句视而不见,不自觉地远离,似乎跟自己的行为无关。学校虽然在校园物质文化建设上投入了一些心血,但是却没有结合学生内心的真实的想法和需求,所以造成了校园文化建设的实效性不明显。哲学家、心理学家弗洛姆在其关于人的信条中指出,"人具有理性和自我意识。"

对于一部分大学生而言,他们对校园物质文化的漠视一方面是因为自身的文化保护意识淡薄、工具理性的左右,另一方面就是没有深刻从内心感受到周围事物的美好,以及生命观教育的缺乏。护花原理告诉我们,看似冰冷的内心可以通过另一种方式得到感化和温暖,那就是摒弃一些教条式、直接式、灌输式、强制性的道理而转变为具有情感的、委婉的、灵活的、贴近生活的哲理。让大学生自己选择去接受还是不接受它、自己去体味其中的内涵,自己去换位思考,展开理性的思考。

其次,大学生应该接受良好的生命观教育,现如今生命观教育在学校没有得到应有的重视,导致人不仅对自己的生命不加珍惜,同时也不重视同样具有生命的万事万物。亚里士多德坚持主张万事万物都有灵魂的存在,灵魂是身体的形式,灵魂不能离开肉体而存在,灵魂借助于感觉器官而感知外界事物。当今的学校德育重在向学生灌输一些行为准则、行为规范,而没有将德育的起点告诉他们,有灵魂的就是有生命的,灵魂与生命是人最重要的东西。所以导致学生对生命、对人的尊重的道德观念很难形成,学生没有产生对生命敬畏的观念,使他们不仅没有尊重自己的生命,而且也没有尊重其他事物的生命。护花原理其实类似于产生于20世纪60年代的美国以路易斯·拉斯教授为代表的价值澄清理论,该理论认为,每个人都有自己的价值观且容易受到外在各方面因素的影响,使得人的价值观模糊缥缈,难以形成自己稳定的价值观。那么价值澄清理论则通过分析和评价手段、通过选择、赞扬、实践过程促进理性的价值选择。也就是说传统的道德教育具有强制性,不能够激发人们对自身价值观进行理智的思考,并做出自己的选择。而价值澄清理论就是一种亲身体验式的德育,以学生为中心,由教师创设体验境遇,引导学生主动关注有价值的事物,并从中得出感悟,通过德行实现外化。大学校园物质文化正是需要创设一种绝非死板的体验式文化物质,大学生置身其中,移步换景都能够受到真实情感的激发,发自内心地向校园物质文化发出人性关怀。

华东师范大学终身教育学教授叶澜提出"育生命自觉"是教育中指向内在

自我意识发展的重要使命。"生命自觉"是教育最高境界的追求。人与其他事物一样具有生命，生命具有脆弱性、珍贵性、唯一性而且会创造出价值。大学生应该接受不同形式的生命观教育进而引导自身珍惜、热爱自己和他人、他物的生命，进而能够体会到大学校园中凡具有生命的物质的神圣不可侵害性。情感的培养需要爱的感动加以激发，而生命的价值，不仅是因为生命的唯一性、不可逆性、珍贵性、脆弱性，还是因为生命可以创造出无限的价值。体现在人与自然的关系上就是以宽厚仁慈之德关爱宇宙万物。

最后，大学生内心能够得到感化而去关爱他物的前提是自己首先得得到自己的爱，即自爱，自己关爱自己的内心使其净化，而后才能对其他事物以友爱。亚里士多德的友爱论是他的伦理学中非常重要的部分，当然，他所说的自爱与友爱与我们当今社会中的自爱友爱存在着很多的不同。其次，亚里士多德表明了友爱的产生需要一定的条件。例如，友爱必须在两个人的德性之上才能产生并得以实现，这种德性并不仅仅指自身的品德，还需要在品德的基础上双方互相理解与关心；友爱必须付诸行动，而且是自愿主动地去进行实践，而且必须在一定的物质中共同生活。而自爱与友爱的关系，亚里士多德认为自爱其实是友爱产生的前提条件，我们对别人之所以显示出友爱的那些特征都产生于自爱。可见，我们根据自己的理性去选择自己该爱怎样的人，爱怎样的事物。

所以，在如今的学校德育过程当中，往往较少拿自爱问题来解决现实问题，这其实在一定程度上是对自爱的误读。我们所理解的自爱就仅仅是一种自私自利的表现，而对于大学生来讲亟须培养亚里士多德所指的这种有理智的自爱，不会将自己变成自私的人进行自我的蒙蔽，不会为了个人的利益而选择不择手段地掠夺，而是要像爱自己那样去爱别人，所谓"爱人如爱己"。学校这么一个公共的场所正是给自爱与友爱提供了存在的可能，所以，大学生需要在学校以及教师的引导下先学会爱己，然后大学生与学校物质相互之间的尊重感、正义感以及平衡感才油然而生，也只有达到这样一个和谐温暖的关系状态，我们学校的德育才能够顺利有效地进行。

4. 承担文化传承创新的社会责任

生活在现世的每一个人都依赖于前人所创造的文化之中，个人赖以生存的文化也随着人类的历史发展日新月异。当前世界上各个地区的文化都面临着不同的挑战，中华文化也无可避免地进入发展变化的浪潮。我们作为中华民族新一代的建设力量要正确地认识属于自己国家的先进文化，要对自己的文化有自知之明，同时也要有对自己文化实事求是的自觉意识，即文化自觉。关于什么是文化自觉，著名社会学、人类学、民族学家费孝通先生指出，我们之所以要有自知之明，是为了适应新物质取得新时代文化选择地自主地位。中华文化的博大精深有着自己独特的东西，有着巨大的活力和包容性，最突出的特点之一就是"和而不同"，彰显了中华文化的融合力，使之得以向前不断延伸。其二，中华文化自古以来就求和而反对分裂，求德而反对暴力，始终相信以德才能凝聚众人。在全球化的进程中，唯有通过文化自觉才能审视自己的独特文化，也才能发扬自身诸多文化优点，达到多元文化的和谐统一。虽然从西方文艺复兴到19世纪的"人的自觉"再到现在提倡人类文化的自觉是一次巨大的飞跃，我国综合国力的也给我们充分发扬中华文化特色提供了一定的机遇。但是，我们虽然生活在具有悠久历史的中华文化之中，可实现文化自觉并不是一件容易的事，因为我们尚且缺乏对本民族文化的系统认知。我们的社会生活还处在"由之"的状态，还没有达到"知之"的境界。其次，我们在新的文化背景下面临着困境和挑战，出现了文化焦虑现象。所谓的文化焦虑，是由文化问题所引发的一种持续的、弥散的、紧张不安与忧心忡忡的心理状态。

　　有学者认为，我国人民之所以产生文化焦虑，首先是因为现代化过程中，中国无法跟上世界文化的步伐，从而引起了一种对中国传统文化的价值、作用有所质疑的病态心理。其次，我们对中国传统文化没有给予一定的身份认同，没有表现出一种文化自信。为此，费孝通先生以大学为寄托，主张把握大学文化的发展走向并强化先进文化意识。具体来看，大学是传承、创造先进文化的中心，是一个国家的文化高地。

　　首先，大学应该以先进文化引领自身文化建设。作为高校的大学生应该以培养"四有"人才为己任，努力学习马克思主义的基本理论，用正确的指导思想反对一些腐朽文化的侵蚀。其次，大学生应该弘扬民族文化，学习先进世界文明。在高校中要对大学生开展爱国主义和中华传统文化的教育，着力激发大学生的民族自信心和自豪感，增强维护国家文化安全的自觉意识。与此同时，大学生应该学习先进的世界文化，与世界文化展开交流达到文化互补。作为广大的大学生群体，我们承担着中华文化传承创新的社会责任，在大学文化的创设以及国家文化的适应中都应该自觉维护和采取温和的关怀。从国家文化层面来讲，在已有文化适应新物质的过程中，大学生要充分发扬自主性，学会甄别与筛选，反对文化中心主义的思想；其次要有充分的自觉意识，要有自知之明，能够充分地认识到自己文化的来历、形成过程、所具有的特色与发展方向；再次要学会各种不同文化的自觉融合，形成一个包容开放、和平共处的文化观念。从高校校园文化来讲，大学生既然已经成了高校中的一员，就也要从文化自觉的思想着手，充分认识清楚本校的校园文化的来龙去脉，发展方向，努力做到对自己校园文化的倚重，做到以天下为己任的爱校情怀；要在高校大众文化的繁衍中学会判断富有意义的健康的校园主流文化，身体力行，积极参与到校园主流文化的建设中去，努力配合学校相关建设者，主动关怀校园文化，积极建言献策；最后还要以一种开放包容的心态汲取外来文化的精华，充实本校的校园文化，为其注入新鲜血液，从而给大学的校园文化增添活力，也为校园文化的辛勤建设者们贡献自己的微薄之力。

## （三）从基本保障层面完善高校物质文化建设

### 1. 强化"四位一体"的制度保障

实用有针对性的制度保障作用意义非凡。在高校校园文化中，物质是基础，制度是保障，精神文化是核心，行为文化是表现。强化"四位一体"的制度保障，有利于全方位、科学合理地促进高校物质文化长足发展。

首先，高校校园文化的价值核心在于精神文化。精神文化集中体现着高校的发展理念和价值追求。高校精神文化贯穿于高校校园文化的方方面面，关系着其他三方面高校文化的发展。只有核心精神文化理念有利于高校物质文化建设发展，高校物质文化建设才会顺利发展，拥有强大的精神力量支持，其文化内涵才会更加丰富深刻。

其次，促进高校物质文化建设，前提要必须提供相应的制度保障。高校制度文化既是高校校园文化的重要组成部分也是其他文化建设的重要基础。高校物质文化建设的可持续发展是建立在高校各部门协调配合、合作努力的基础上的。只有良好的制度保证才能保证高校物质文化在高校各部门间有效开展，有条不紊。在制度文化的帮助下，形成制度化管理，形成制度化的行为习惯。久而久之，高校物质文化建设的制度保障成为高校各部门自觉遵守的行为准则，将高校物质文化建设做到有章可循，科学合理，使制度意识深入人心，做到自觉维护高校物质文化建设，重视其严肃性与重要性，为高校物质文化建设提供健康发展的空间。

再次，高校行为文化是通过高校主体的日常行为活动反映出的动态文化，是高校校园文化活动的广告。高校行为文化是高校物质文化建设取得成就的反映。优秀的高校物质文化熏陶下的高校行为文化高雅得体；相反，滞后的高校物质文化建设影响下的高校行为文化则体现不了高校物质文化建设的严重不足。优秀的高校行为文化能够丰富高校物质文化的内涵，为高校物质文化的发展提供新的内容。行为文化是在物质文化提供的物质基础之上体现的，在丰富多彩的校园活动中，行为文化的反映会给物质文化的发展提供经验借鉴，从而促进其更加完善地发展。强化"四位一体"的制度保障不仅需要制度明确，更要明白什么是"四位一体"，更需要协调强化。这就要引起高校领导的重视，在高校校园文化建设规划中注重体现"四位一体"的制度设计，将高校精神文化、物质文化、制度文化、行为文化并重，不能将其割裂分离。在具体实施贯彻的过程中注重发现"四位一体"制度的问题，及时反馈并解决问题。在年终评价体系中做好工作分析、经验总结，为高校物质文化建设发展营建和谐持续的发展环境。

### 2.强化高校物质文化建设的主体作用

主体之所以成为主体是因为主体在事物的发展过程中起主导作用。高校物质文化建设的主体在高校物质文化建设的过程中具有主观能动性的作用，能够自主选择性地促进高校物质文化建设的发展。高校物质文化建设拥有多元主体，在这里主要指在教学、科研、管理等各种活动参与中的高校大学生与教职工。对于高校物质文化建设来讲，高校主体是"主体"，高校物质文化是"客体"，主客体相互作用，共同发展，所以强化高校物质文化建设的主体作用意义重大。

高校主体具有多元化的特点，大学生是高校物质文化建设中的推动主体。他们是高校物质文化建设的主要创造者与受益者。高校学生是高校的主要群体，并且其身心具有巨大创造力，高校物质文化建设的最终目的是培养与塑造优秀的高校学生。强化高校学生的主体作用，首先要增强大学生的主体意识，并使其认识到高校物质文化建设的重要性；还要充分发挥模范大学生在高校物质文化建设中的榜样作用；充分利用课堂外的社团和团日活动调动大学生投身于高校物质文化建设的积极性；发挥校友前辈的传承作用，使历届积累的高校物质文化力量弘扬广大，传承不息。校教职工是高校教书育人的主体，在高校物质文化建设中发挥着重要作用。高校教职工是高校思想政治教育的引导者和践行者，在高校物质文化建设中如果缺失了教职工的指导作用，高校大学生会迷失方向，高校物质文化建设则会停滞不前，停留在较低的层次上。

所以，强化高校物质文化建设的主体作用就要充分发挥高校教职工的主体作用，增强自身专业素养，提升自身文化品位与情操，自觉投身于高校物质文化建设中，为高校文化发展贡献自己的力量，为高校大学生提供学习榜样。

总之，高校主体的学习生活与高校物质文化建设息息相关，高校主体的主体意识与主观能动性的强化会大大促进高校物质文化建设的长足发展。

### 3.建立健全高校协调运行机制

建立健全高校协调运行机制是促进高校物质文化建设长足发展的重要举

措。高校物质文化建设协调运行机制包括以下几方面。

（1）建立健全管理机构

高校任何一项工作的顺利完成都离不开专门机构的工作支持。加强发展高校物质文化建设就要引起高校的重视，成立专门的高校物质文化建设发展规划管理部门。该部门不等同于高校后勤部门，专门负责高校环境建设及卫生工作，该部门的主要工作是就高校物质文化建设问题，进行高校主体与高校领导间的上传下达并做好协调处理工作，解决高校物质文化建设中遇到的麻烦问题，保证高校物质文化建设工作在思想政治教育的指引下顺利实施完成。该部门要有专业的校园规划设计团队，保证高校规划设计具有创新性、特色性，并服务于高校主体，最大程度地发挥高校物质文化的育人功能。

（2）建立健全部门相关机制

高校物质文化建设工作是一项长期的工作，需要相应的部门机制支持，需要运行管理机制的建立，激励机制的建立还有竞争机制等的建立健全。在高校物质文化建设的过程中加强科学化管理，注重调动发挥高校主体的主观能动性，营造良性竞争机制，为高校物质文化建设营造良好的发展环境，长效服务于高校主体。建立健全制度体系。国有国法，校有校规。健全的制度体系是维护物质文化建设正常进行的重要手段。健全、科学的高校规章制度是明确各部门职责，全面统筹规划高校各项工作的保障。只有制度明确，职权才会明确，在出现问题后才会及时解决。高校物质文化建设包括器物建设又包含文化建设，不可避免地会遇到各种问题，只有制定出符合高校实际情况的、职权分明的、科学合理的规章制度才能保障部门协调合作，高校物质文化建设有序进行。

（3）建立健全行之有效的监督问责机制

随着法治社会的健全和高校主体法制意识的提高，建立行之有效的监督问责机制对于促进高校物质文化建设非常有帮助。部分高校存在着忽视制度、制度执行力度不够的情况，部门间存在推卸责任、得过且过的现象。只有建立健全问责机制，奖惩分明，才能将制度真正发挥效力，坚实可靠地促进高校物质文化建设的发展，发挥育人功能，完成巩固思想政治教育目标。

## 二、高校物质文化建设取得的成就

### （一）载体建设成就明显

首先，高校物质文化载体资源质量提高。纵观国内各大高校的物质设施建设的发展，在政府的鼓励帮助下，高校校园建设用地面积增大，校园基础设施更加完备，教学设施更加精良，高校物质载体建设整体质量和水平大大提高。高校物质建设多沿用追求布局严谨对称为特点，建筑造型规整，讲究轴线对称布局的楼宇建筑结构。改革开放后，我国高校开始了新的高校建筑风格。楼宇间的开放性、综合性加大，公共教室、实验室、电教中心等用房相互整合，教学楼间形成网络化的布局，更加体现人性化的特点。图书馆的建设占据突出位置，学生活动的场所具有多层次性、多功能性、开放性和多元化的设计特点。教学楼的走廊、楼梯间、庭院等空间格局多样化，讲究艺术美。这些特点都充分体现了高校物质文化载体资源质量的提高。

其次，高校物质文化载体资源更加多样性、人性化。在新时期高校的开放性、多样性加强，各大高校的活动场所更加多样化。如高校的超市、书店、银行、快餐店等基础设施多种多样。随着网络和媒体的快速发展，网吧、咖啡屋、沙龙等场所不仅数量增加，还满足高校主体追求幽静、高雅的艺术风格。随着时代发展需求，高校新型楼群出现。相较以前高校独立的楼群，现在高校的新型楼群相互融通，各教学单位可以方便工作交流。单体建筑与多个建筑共同组合统一，廊桥、庭院设计样式多样美观，既体现了布局设计的合理性也体现了人性化特点，为高校物质文化的承载提供了优越载体。

## （二）大学精神愈益凸显

"大学精神"是各大高校在发展的过程中形成的本校独有的区别于他校的精神文明成果，是高校无价的精神财富与精神力量，是高校生生不息的发展动力，也是社会发展需要的精神支柱。在激烈的社会竞争和国际竞争中，文化的力量越来越受到关注，文化软实力成为衡量国家综合实力的标志。

同样地，在高校发展的过程中，文化占据着重要的地位。大学精神既是无形的也是有形的。它存在于高校主体言谈举止、学风学纪、学习态度等方方面面，也存在于以器物为载体的高校物质文化景观中。如高校种植景观体现的绿色校园精神，巴黎理工大学学区总面积为400多公顷，绿色植被覆盖了120多公顷，中国武汉大学以樱花著称，清华大学以荷塘月色让人迷恋，厦门大学旖旎风光让人流连忘返。高校的自然风光与人文建筑、动与静、力与美，无不展示着高校独特的文化，开发启迪着高校学生的智力，激发学生的创造力与想象力。高校物质文化作为高校文化代表的"大学精神"阐释者高校的文化力量，综合竞争力水平，以及发展的历史历程与高度。将"大学精神"体现在高校的方方面面，突出"大学精神"的作用与魅力。

目前，国内的高校物质文化建设比较注重体现"大学精神"，将"大学精神"

赋予物质文化建设中，增强物质文化的感染力与号召力，同时又在物质文化的发展过程中形成与时俱进的"大学精神"，提升高校整体水平与总体实力。

### （三）地位作用更加突出

随着社会的发展，竞争无处不在，高校间的综合实力的竞争也日趋激烈。高校综合实力是指高校间进行比较而体现出来的综合能力。影响高校综合竞争力的因素主要包括社会因素和高校自身因素。高校的主要任务是立德树人，一所综合实力强大的高校往往人才辈出。高校综合实力的打造离不开优秀的校园文化建设。随着人们物质生活和精神文化生活水平的提高，越来越多的人将高校的物质建设和文化环境作为择校的一个考虑因素，所以高校物质文化相应地成为衡量高校综合实力的重要指标。大学排行榜是对高校综合实力的体现。我们可以发现，每年名列前茅的高校出入并不大，而且都是环境优美、育人气氛浓厚的知名高等学府。另外，我们经常会听到高考生择校时讨论各大高校的硬件设施条件和校风校园文化的问题，这也是影响高校排名的重要指标。如 2015 年清华大学被评为全球最美十所大学之一，其幽静高雅的建筑风格、别具匠心的校园设计成就了清华大学的殊荣，也使众多清华学子倍感骄傲；中国最美大学武汉大学，每年春天樱花怡人，成为武汉乃至全国皆知的名胜，也成了武汉大学的一大特色；厦门大学的"嘉庚建筑"风格，以其独特风格彰显厦大独具一格的校园文化特色。这些高校物质文化建设的典型实例，在一定程度上提高了其高校综合竞争力。目前国内高校纷纷建设新校区，突出文化特色，来提高高校的知名度。这充分说明高校物质文化建设日益受到重视，得到了一定程度的发展，这是近年来高校物质文化建设取得的质的突破。

# 第六章　新时期高校校园制度文化建设

制度文化是校园文化的重要组成部分，它具有激励先进、规范行为、鞭策落后的功能，是校园文化建设的依托和保障。健全的校园制度文化有助于丰富学校办学内涵，提升学校办学品质。本章主要分为高校校园制度文化建设的涵义与特征、高校制度文化建设的管理分析、高校校园制度文化建设的基本思路三部分，主要内容包括：高校校园制度文化建设的涵义、高校校园制度文化建设的构成要素以及高校校园制度文化要体现独立性等方面。

## 第一节　高校校园制度文化建设的涵义与特征

### 一、高校校园制度文化建设的涵义

#### （一）制度

学术界关于"制度"的研究由来已久，早在古希腊城邦政治时期，先贤亚里士多德就针对城邦制度进行了研究，直至如今"制度"依然是学术研究的重要领域，由于"制度"的覆盖面广泛，不同学科和不同学者对"制度"的理解和诠释也各有侧重。"不同学派和时代的社会科学家们赋予这个词以如此多可供选择的含义，以至于除了将它笼统地与行为规则联系在一起外，已不可能给出一个普适的定义来。"对这些从不同角度出发的概念进行梳理分析，可以逐步明晰"制度"的深层内涵。目前学术界对"制度"的理解主要有以下几种代表性观点。

1. 制度是一种思想习惯和生活方式

西方早期制度经济学派鼻祖托斯丹·邦德·凡勃伦（Thorstein B. Veblen）在其代表作《有闲阶级论》中指出，"制度实质上就是个人或社会对有关的某些关系或某些作用的一般思想习惯；而生活方式所构成的是，在某一时期或社会发展的某一阶段通行的制度的综合，因此从心理学方面来说，可以概括地把它说成是一种流行的精神状态或一种流行的生活理论。"他认为制度是"一般思想习惯"和"流行的精神状态"，这一界定是从制度的起源出发的，揭示了"制度"的一部分属性，为后来制度理论的丰富发展奠定了基础。但其定义明显更侧重于非正式制度，思想习惯、精神状态、生活方式确实是制度的起源和雏形，可制度并不仅仅依靠它们而存在，精神信仰、道德规范、社会风俗等都与其息息相关。因此，凡勃伦关于制度的定义并不完整，仅限于对非正式制度的论述，缺乏对制度的整体把握。

2. 制度是一种社会互动系统和模式

英国社会理论家安东尼·吉登斯（Anthony Giddens）认为制度是能在时间上延续、在空间上进行人员配置的一种社会互动系统。他认为制度体系与社会结构之间存在着一种互动关系，将宏观层面与微观层面相结合来认识制度。美国政治学家塞缪尔·亨廷顿（Samuel P.Huntington）在《变化社会中的政治秩序》中指出制度是一种具有稳定性、周期性的行为模式。这种观点反映出制度的两大特性，即相对稳定性和规律性，对把握制度的内涵具有一定的启发意义。

3. 制度是对行为进行约束的规则或规则体系

德国著名社会学家马克斯·韦伯（Max Weber）在《经济与社会》一书中指出"制度应是任何一定圈子里的行为准则"。美国政治哲学家约翰·罗尔斯（John Bordley Rawls）也曾给出一个"制度"的简明定义，即"一种公开的规范体系"。在我国，大部分学者都是从规则和规则体系的角度来认识和阐释制度的。如郑杭生认为，"社会制度指的是在特定的社会活动领域中围绕着一定目标形成的具有普遍意义的、比较稳定和正式的社会规范体系。"张宇燕认为，"制度无非是那些人们自愿或被迫接受的、规范人类选择行为的习惯和规则。"这种观点可能更加符合人们的语言表达习惯，一条单一的规定不成制度，制度是系统的规则或规定，这就给制度赋予了一定的逻辑性、组织性和系统性，而不是规则或规定条文的简单叠加。

不同学者出于各自研究的需要，对制度从不同学科不同角度进行了定义，这些定义大多着重关注制度的某些特性，但学者们普遍承认的一个基本命题是"制度是重要的"，在此基础上去充分了解不同种类的制度的定义，不仅有利于增强对制度的理解与把握，也能为我们提供一些借鉴意义。首先，制度是规则的集合，规则是制度的核心。制度是人类创造的作用于个人以及个人之间关系的某些限制和约束，对人们的行为进行调整和规范，它在对人们进行制约的同时也给人们预留了自由活动的空间。其次，制度可以是正式的法律法规、规章条令等，也可以是非正式的风俗习惯、行为规范等。再次，制度和组织需合理区分，不能混为一谈。制度是对人与人之间、人与社会之间关系和活动进行规范的基本框架，而组织是在这种框架下产生，为达成某一目标或解决某种问题而存在。组织的产生与发展都必然会受到制度这一基本框架的决定性影响，同时，制度框架的演进也会受到组织发展的影响。最后，制度由人类创造，为人类的交往、交换活动服务，它在具有一定稳定性的同时会随着时代的发展和经济社会的进步而进行适当调整。

4. 制度是集体行动控制个体行动的组织和机构

西方早期制度经济学派代表人物约翰·洛克斯·康芒斯（John R. Commons）在其著作《制度经济学》中将制度定义为集体行动控制个体行动。这一概念体现了制度的三大特性：第一，强制性，即集体对个体行动的控制力；第二，约束性，集体行动要求个体行动的服从，即是对个体行动的约束和规范；第三，组织性，集体对个体行动的控制反映出制度是集体有组织有策划有安排的活动。与此同时，康芒斯进一步指出，"这种运行中的机构，有业务规划使得它们运转不停；这种组织，从家庭、公司、工会、同业协会、直到国家本身，我们称为'制度'。"这种定义将集体行动控制个体行动过程中的运行机构——组织都看作制度，虽然组织内部包含着各种工作规范、工作程序等制度性成分，但这些组织更多的是作为制度的实施机构而存在，由此看来，康芒斯的定义是将制度泛化了。但是，这样一种定义对于促进对制度的认识和理解也有一定的积极意义。

## （二）制度文化

制度文化看似是一个"制度"与"文化"复合词汇，实际上，制度和制度文化还是有很大差距的，制度一般仅仅指代制度或规则本身，而制度文化更多是从文化角度来探究制度的文化内涵。

国内学术界多从文化层次理论的角度对其展开研究探讨，一般认为文化是一个包括物质文化、精神文化、制度文化、行为文化四个层次的复杂系统。有学者认为，制度文化作为文化的一个子系统，是社会政治生活、经济生活中相关制度和规则的反映，对人们的物质生活、精神面貌、行为习惯产生潜移默化的影响，起到提升民族凝聚力、和谐社会关系的重要作用。任伟、麻海山从意识形态角度将制度文化定义为："所谓制度文化是指制度意识形态以及与其相适应的社会规范、制度及组织机构和设施等的总和。"也有以钱斌、冯永刚为代表的不少学者从广义、狭义的角度来探究制度文化，认为狭义的制度文化主要是指具有强制性的法律法规、方针政策、条令章程等显性规则体系的集合；广义的制度文化是在狭义制度文化的基础上，还包括人们在长期的社会生活中形成的风俗习惯、道德规范、精神信仰等具有有限约束力和规范性的隐性文化形态。

学者们虽然对制度文化的表述各不相同，但有一点还是能够得到广泛共识的：制度文化是制度的文化形态。制度文化是在制度的基础上生成的，既包括人们制定制度的社会环境、价值理念，也包括制度执行过程中人们内心所形成的较为稳定的认知与习惯，可以说它是一种来源于制度又超越了制度本身的精神文化成果。它包含着正式的与非正式的、显性的与隐性的、刚性的与柔性的文化形态。制度文化是制度与文化的有机结合，没有规章制度的作为物质基础，就没有所谓制度文化；同样，没有合理的制度文化内涵，制度也很难得到认同、执行不畅甚至引起反弹，制度就失去了存在的意义。所以，有了科学合理的制度文化内涵，制度才能成为维护社会和谐、促进社会进步的良法；反之，制度就有可能成为阻碍社会前行的恶法。

制度文化，无论是从制度管理的角度还是从以文化人的角度来看，都具有极为重要的育人价值。尤其正式的制度作为制度文化的核心要素，具有显性的、刚性的文化形态，蕴含着明确的价值导向和丰富的育人资源，从而具有了极强的思想政治教育功能。在实现民族复兴的伟大征程上，充分利用制度文化，特别是正式的刚性的制度文化，充分发挥其思想政治教育功能，使我国独具特色的社会主义制度优势能够更好地转化为国家治理效能，于党、于国、于民都具有积极的时代意义。

### （三）高校校园制度文化

不同的社会群体有着不同的文化，高校作为重要的教育组织和科研机构，也有着自己的文化体系和文化品位。制度文化作为高校校园文化体系中最为权威的部分，一直以来，构建和发展高校校园制度文化受到国内外诸多高校的重视。但对于高校校园制度文化，国内外学术界至今还未能形成一个系统的定义。受制度文化研究领域的影响，学术界对高校校园制度文化概念的界定主要有以下几种。

第一种是认为高校校园制度文化是高校内明文规定的所有规章制度的总和，即显性高校校园制度文化。其中最具代表性的是杨德广教授在其主编的《高等教育学概论》中的观点："制度文化主要指学校各种规章制度以及保证制度执行的组织结构。从制度文化的内容看，可将制度文化分为行政工作制度、德育工作制度、教学工作制度、体育卫生制度、后勤管理制度等。"第二种认为高校校园制度文化是渗透于学校的各种组织机构与规章制度中的价值观念与行为规范。第三种是前两种观点的结合，认为高校校园制度文化既体现为各项规章制度的总和，也包含着制度本身所蕴藏的价值观念，是两者的统一。

因此，我们可以将高校校园制度文化理解为是蕴藏在规章制度中的文化，是高校师生在制度的制定和实施过程中形成的相对稳定的价值观念和行为方式。高校校园制度文化是高校在长期的办学实践中逐步形成的一种独特文化，这种文化不仅为全体高校师生所认同和遵循，而且是一所高校独一无二的名片，凝结了其特有的大学精神和办学理念；它也是一所高校代代相传的宝贵精神财富，对于学校办学、治校、育人等都具有重要价值。纵观国内外知名高校，无不拥有紧跟时代脚步、彰显不俗品位的特色制度文化。因此，必须把制度文化建设放在高校校园文化建设的突出位置，引领物质文化、精神文化、行为文化建设，维护和促进高校的稳步发展。制度有正式、非正式之分，制度文化亦是如此，建设高校校园制度文化应从正式制度开始，高校作为一个正式的文化教育组织，应大力推进科学化、系统化的高校规章制度建设，形成目标鲜明、导向正确的正式高校校园制度文化，只有这样才能衍生出健康的非正式制度文化，身处其中的全体高校师生才能心甘情愿、自觉主动地接受熏陶和教化。但同样值得注意的是，高校制度与高校校园制度文化不可一概而论，高校制度建设和高校校园制度文化建设也不能混为一谈。制定出许多规章制度并不意味着高校校园制度文化的形成，只有当"高校制度"本身转化为一种"素质文化"时，才能真正成为高校校园制度文化。

## 二、高校校园制度文化建设的特征

### （一）强制性与柔和性统一

高校校园制度文化具有强制性与柔和性统一的特性，既能保证制度的公信力和执行力，又没有扼杀人的个性，实施人性化管理。"刚柔并济"的高校校园制度文化，能使全校师生在一个民主、自由的氛围和环境下成长，更容易实现人的全面发展。

首先，高校校园制度文化的强制性特征主要体现在执行的坚定性和遵守的严格性两个方面。2016年12月，教育部修订并通过《普通高等学生管理规定》（教育部令第41号），由总则、学生的权利与义务、学籍管理、校园秩序与课外活动、奖励与处分、学生申诉、附则七个部分构成，对高校学生管理做出了详细的规定。根据教育部的文件，各高校会根据相关制度严格贯彻执行。比如，各高校会制定"学生手册"，以此为标准进行学生管理工作。一旦明确的制度条例通过并实施，学校及学校主管部门就会坚定的、以严格的标准来贯彻执行。同时，坚持制度面前没有"特权"。习近平也强调，要坚持制度面前人人平等、执行制度没有例外，不留"暗门"、不开"天窗"。所以，学校有关成员要认真学习并自觉遵守规章制度，如果学生违反了相关的制度条例，就要采取相应的、严厉的惩处措施。

其次，高校校园制度文化的柔和性特征主要体现在两个方面。

一是高校校园制度文化的约束不是刚性的，而是以主体的自我约束为主。高校校园制度文化强调，主体首先对制度认同，逐步实现他律到自律的转变。只有学生发自内心的认同，才能从根本上对学生的行为起到约束作用。

二是高校校园制度文化的调节手段和调节目的是柔性的。从调节手段上来看，相较于传统制度管理的惩罚、强制的硬性方式，制度文化实行的是一种软调节。高校校园制度文化注入人性化元素，一般采用说服、教育、沟通、示范、感化等方式纠正不当的行为方式，更加柔和性，更加人性化。从调节目的上来看，传统的高校制度在发展过程中，扭曲了制度本身的目的，认为制度就是用来约束人、限制人的；而高校校园制度文化则不同，更多关注的是人的发展，以促进人的全面发展为终极目的。

## （二）外显性与内隐性统一

高校校园制度文化的外显性与内隐性相统一，两方面特性相互制约、相互补充，更好地发挥了高校校园制度文化的强制力和感染力。主要表现在两个方面。

### 1. 从高校校园制度文化的表现来看

分为正式制度与非正式制度。正式制度就是以成文的形式表现出来的规章制度、条例、守则等，这些制度是有形的、看得见，摸得着，呈现出外显性的特征；而非正式制度即不成文的制度，主要是学校成员普遍认同的价值理念、伦理道德、风俗习惯等为主的隐性文化，比如校风、习惯、风俗，这些制度是无形的、看不见的，呈现出内隐性的特征。

### 2. 从高校校园制度文化的形成过程和作用来看

不同阶段的制度文化对成员作用的程度是不同的。一种制度从制定、审议、通过、实施到被师生认同并固化成形，这是一个漫长的过程。前期的高校校园制度文化尚未完善，更多地以强制性的形式，对全校师生的行为进行约束，成效是显著的。譬如，学生守则和学生日常行为规范的出台，促使违反纪律的学生数量明显变少；教学管理制度的实施，促使课堂质量明显提升；基层党建制度的完善，促使大学生党支部党员素质的提升；毕业生就业保障机制的施行，促使学生就业率的显著提高。

可见，此时高校校园制度文化作用的效果短期之内就可以看到，这一阶段高校校园制度文化的作用是外显的。然而，当某种制度被认同和固化，变成道德自觉之后，在很长一段时间不能很明显直观地看到效果，因为高校校园制度文化已经成为一种内在动力，被学生消化吸收后自觉地将其作为了自己的行为准则。整个过程呈现出内隐性的特征，过程漫长、效果不明显是这一阶段最主要的特征。

## （三）约束性与激励性统一

高校校园制度文化具有约束性与激励性相统一的特征，主要表现在两个方面。

### 1. 从高校校园制度文化的作用来看

约束和激励是高校校园制度文化的双重作用。不论是成文的规章制度，还是不成文的道德规范，不论是强制性的制度，还是道德性的行为规范，都会对师生的学习生活和教学活动提供一种潜在的约束力，同时也是一种动力。通过规章制度、道德规范等来约束和激励全校师生，培养全校师生的规则意识、法治意识和纪律观念。比如教师代表大会制度，一方面要强制性执行，否则就会受到某种制裁；另一方面，提倡和激励人们形成道德自觉。当教职工能够自觉地遵守制定并习以为常时，就意味着该制度逐步形成了一种制度文化的雏形。

### 2. 从高校校园制度文化的目的来看

在高校校园制度文化建设的整个过程中，约束性和激励性同时存在。然而，不同阶段的侧重点是不同的。首先，约束性是高校校园制度文化的初级阶段目标。约束和限制人不是高校校园制度文化的最终目的，只是在制度发展和完善的过程中必须经历的一环。通过约束、惩罚、纠正，使主体对某一制度形成自我认知，在实践和探索中对制度的好与坏，善与恶，形成主体的价值判断。如果一味惩罚，就会使学生丧失自信心，反而会适得其反。其次，激励性是高校校园制度文化的终极目的。激励性是指通过高校校园制度文化的熏陶和感染，促进大学生的积极性和能动性，激励大学生将制度内化于行为准则，形成道德自觉，促进全面发展。

《礼记·高校》中讲："高校之道，在明明德，在亲民，在止于至善。"虽然"高校"的含义和范畴不同，但是"止于至善"的道德目标和现在是一致的。高校校园制度文化用蕴含道德元素的制度来培养全校师生"善"的道德品质，为培养德智体美全面发展的大学生服务。高校校园制度文化激励成效的好坏，是衡量一所高校校园制度文化是否成熟的重要标志。

# 第二节 高校校园制度文化建设的管理分析

## 一、改革开放以来我国高校校园制度文化的探索

### (一) 改革开放初期高校校园制度文化的进展

1978年我国恢复了高考，高等教育发展回到正轨。1979年底，复旦大学校长苏步青与几位大学校长联名在《人民日报》上发表题为《给高等学校一点自主权》的文章。为了尽快解决当时社会公共资源贫乏的难题，政府逐步将权力下放。1985年《中共中央关于教育体制改革的决定》明确指示："要改变政府对高等学校统得过多的管理体制，在国家统一的教育方针和计划指导下，扩大高等学校的办学自主权。"文件对高校办学自主权问题做了首肯，实行多元化的体制。

此外，我国还对高校各院系的专业目录进行了调整，增设了新兴学科及专业，注重知识、能力和素质全面发展，加强了对基础知识和个人能力的培养，更加重视人的自由全面的发展，并且更注重基础知识和技能的传授，培养目标得到了及时的更正。在此期间，高校的教学、科研组织机构也做出相应的调整，兴建了一批重点实验室、研究院、工程研究中心等研究机构，普遍加大了科学研究的力度。正是有了政府下放权力的政策，一些有创新意识的高校开始试运行学院制，更进一步的，随着研究生教育的发展，一些高校开始试点举办研究生院，改善了高校教育的水平。

在此之后，国家出台了一系列的教育政策、规范，如《高等教育管理职责暂行规定》《普通高等学校设置暂行条例》等，更加明确了政府与高校的职能，高校不断推陈出新，并且与社会的关系日益密切，这一阶段高校又好又快地发展，为我国现代高校校园制度文化的研究与创新奠定了基础。

## （二）市场经济时期高校校园制度文化的完善

随着 1992 年邓小平视察南方的重要谈话和党的十四大的召开，我国建立起社会主义市场经济体制，社会的快速发展和经济的持续增长对高等教育提出了许多新的任务，也提出了更高的要求。

随着市场经济体制的建立和完善，原本的高校校园制度文化所赖以存在的依据逐渐发生了变化，高校校园制度文化的存在背景受到了严峻的挑战。与此同时，我国实施了科教兴国战略，在对知识经济的逐渐认识之后，高校办学的好坏已成为衡量国家综合国力强弱的一个重要标尺。基于以上社会背景的变化，在明确了高校自主权问题之后，进一步阐明了高校自主办学的权力。

1993 年国家颁布的《中国教育改革与发展纲要》指出："逐步建立政府宏观管理，学校面向社会自主办学的体制。"这一政策的出台较为明确地为我们制定了高校改革的方向和目标，以高校的主体地位和自主办学为指导思想，进一步规定了政府与高校的关系，高校的性质以及运行模式等问题。这一思想的转变为我们确立了高校的自主办学权。

20 世纪 90 年代中后期，国家对高校实行了"联合、共建、调整、合并"等方针，以此来改善以往过于单一的从属关系。与此同时，我国颁布了《教育法》和《高等教育法》，意味着从法律意义上确立了我国高校教育管理机制以及高校在自主办学等方面的运行机制，高校自主办学这一问题由最初的办学理念，到现在有了法律作保障。

1998 年颁布的《中华人民共和国高等教育法》涉及高校的各个方面，首次从法律意义上对我国举办的高校在管理机制方面做了完整的规定，为高校管理机制的改革和发展提供了标准，指明了方向。把"党委领导下的校长负责制"以法律的形式确立下来，以此作为高校的管理机制，标志着我国高校进入了法制化管理阶段，对于教育事业健康、稳定、有序发展具有重大意义。我国在总结经验教训的基础上，积极听取各个方面的意见，聆听各个部门的声音，作为完善我国现代高校校园制度文化的重要依据。

## （三）扩招以后高校校园制度文化的改革

1998 年，我国高校的发展在政策方面不再沿用过去的政策方针，在指导思想上发生了转变，教育部官员把重心放在了加快管理机制的改革方面，从基本稳定到强调多种形式办高校的必要性，积极发展，扩大规模，努力满足国家和人民群众对教育的需求。时值"985 工程"启动，在精英高校的带动下，短短的数年之间，就完成了一个涵盖 31 个省、市、自治区，60 多个国务院部门

137

和 900 余所高校的转制或是合并，以及一批新的综合性和多科性高校，中央级的院校为之缩减至 120 所，地方政府所属或以地方管理为主的院校大增，多达 896 所。

从国家角度上来看，1999 年高校扩招这一政策是根据我国经济可持续发展的需要而制定的，与我国宏观背景的变化密切相关；高校扩招政策制定的根源则是为了扩大内需，刺激教育消费，推动经济增长。为了经济发展的一时之需，而出台一项重大的高等教育政策，这样的决策过程难免显得主观随意性有余而科学性不足。

扩招以后的高校影响至今，盲目扩大办校规模，这样的经验决策随之而来的是一系列的问题，诸如政府掌控过严，官本位现象严重，功利主义思想的滋生，把高校作为单纯的经济增长点，以及学术市场化、指标化、功利性。积极发展的政策持续了几年之后，2006 年我国开始逐步减少高校招生人数，招生工作进入了相对平稳阶段，相对控制了招生规模，将重点转移到了提高教学质量方面。

近年来，各所高校在培养人才的过程中，根据自身的传统文化理念，结合自身的具体条件，探寻具有各校特色的人才培养方式，逐步形成良好的制度文化。这些为自己量身打造的人才培养方式的探寻，在一定程度上反映了我国高校校园制度文化的不断创新和发展的方向。目前，我国许多高校都在推进有助于教学、科研的制度文化创新，创造了优良的制度文化氛围，在制度方面为高校的发展提供了有力的保障。

## 二、高校校园制度文化的重要性

### （一）制度文化对精神文化的影响

精神文化是隐性校园文化，它存在于学校各个方面，有时候被看作是学习风气，有时候被看作是学校历史的传承，其实他们都是精神文化的一个方面的体现。有时候我们评价一个学校好与坏的标准，都会以学习风气好不好，有没有突出办学特色来衡量。但是如何形成良好的学习风气呢？如何体现办学特色呢？一个学校有严格、科学的管理制度，形成了良好的制度氛围，依靠制度治校形成独特的制度文化才是形成积极向上精神文化的关键。调查表明，没有良好的制度氛围，就形成不了严格、科学的管理制度，没有严格、科学的管理制度就不能形成良好的学习风气，也就不能形成优良的校园传承。所以制度文化是形成良好精神文化的基石。

以两所高校为例：两所大学同处于二类本科（下面简称 A 大学、B 大学），生源质量相差并不是太大，但是在学风调查的过程中发现，A 大学晚上自觉参加晚自习的学生人数比比皆是，教室、图书馆坐着满满的拿着书本自习做作业的学生，B 大学有组织大一、大二年级进行晚自习，但是更多学生是在聊天、玩手机、玩电脑。

A 大学和 B 大学虽然在制度和规定条例上大同小异，但是在管理学生的态度上完全不同，甚至在考核老师的观念上也完全不同。A 大学严格按照制定的制度规定，对违反校纪校规的学生从严从重进行处罚，特别是对考试舞弊等违纪现象更是绝不姑息。B 大学总是打着关爱学生的口号，对违反校纪校规的学生从轻处理，甚至很多辅导员在处理一些学生时经常会接到这个那个领导的电话，内容大致都是这个学生是某某领导的关系，一定要关照。

A 大学的管理制度突出以学生为管理的主体对象。案例：A 大学运动医学系大三孙姓学生，在参加期末考试的时候夹带资料被监考老师发现并登记在案，孙姓同学态度恶劣，撕毁了试卷，并且对监考老师进行辱骂；学工处针对该事做出严肃处理，孙同学被开除学籍，处理结果通报全校。

B 大学的管理制度突出以学生工作队伍为主体对象。案例：B 大学管理专业的李姓同学，参加英语等级考试时被监考老师发现夹带资料并没收了她的资料，李同学不服，和监考老师发生争执，并在争执的过程中撕毁了试卷，扯破了监考老师的衣服；学校对该案件的处理结果是，监考老师被职能部门谈话，责怪监考老师为什么要和学生发生争执，并对李同学的辅导员进行了绩效考核处理，而对于违纪的李同学也仅仅是教育谈话、记过处分。

从两个案例可以看出同一类型的事件两所学校的处理结果截然不同。在工作程序上 A 大学采取简化程序，推行微笑服务，缩短审批程序，重视服务质量，提升办事效率，让学生在学校处理各类事务时时时刻刻都能享受温暖。

B 大学虽打着"高效"的口号，花费大量的财力、人力创建的服务大厅，但是审批多，服务质量不到位，学生办理事务经常遇到冷脸，让学生感觉办事难。老师处理学生问题时，要先打报告给本学部领导签字，再到教务处审批盖章、学工处审批盖章、保卫处审批盖章。如果出现问题还得要老师来承担责任，所以很多老师嫌麻烦从来不上报处理学生问题，这也导致制度能落得不到保障。没有良好的制度氛围，就形成不了严格、科学的管理制度，没有严格、科学的管理制度就不能形成良好的学习风气，也就不能形成优良的校园传承。所以制度文化是形成良好精神文化的基石。

## （二）制度文化对物质文化的影响

物质文化是一种显性的校园文化，它主要体现在学校的建筑、设备等硬件设施当中。在高校的评估工作当中，这也成为必不可少的条件之一，这几年高校发展迅速，一栋栋环境优美、设备先进的教学楼、宿舍楼拔地而起，给校园增添了不少靓丽的风景线。然而在这些光鲜的背后却是一幕幕极为不协调的场景。大批学生带早餐进入教室，让本该浓郁的学习氛围，浸泡在酸辣粉、葱油饼等气味当中，大批大批的垃圾留在教室里，连那些清洁阿姨们都抱怨高校的卫生太难清扫。寝室里学生们通宵达旦地玩网络游戏，学生吸烟成瘾，垃圾肆虐，甚至送外卖的小贩都能够自由进出宿舍。这些不和谐的现象不由得让我们深思，不断提升的物质条件，为什么没有造就积极向上的学习氛围与良好的精神面貌。造成这一现象的原因，是学校在提升物质条件的同时，忽略了建设相对应的制度。

同样以两所二类本科高校为例。

A高校将上述这些方面纳入学生德育考评，设立德育学分加减制度，并与毕业考核挂钩，从而在制度上约束学生的行为，并且规定教师必须对学生在课堂的这些行为进行管理并计入平时成绩；宿舍的内务好不好直接影响到评优评先，最后还会影响毕业考评的成绩。案例：A高校设计系大一李姓学生，宿舍内务非常差，辅导员对其多次进行思想工作，告知他内务做不好会被扣除德育学分，影响学位申请，并且还手把手教李同学整理内务；但是该生总是不以为然，认为这些事是小事，把辅导员的教育当成耳旁风，在一次学校的内务大检查中李姓同学的宿舍内务被评为不合格，直接被学生工作处通报全校，扣六个德育学分，按照学校规定在毕业前李同学修不回这六个德育学分的话将无法申请学士学位。在这种严格的制度下A高校的学生入校后，都收起了来高校放松的心态，从思想上意识到我在学校应该做什么，什么不能做、不应该做。进入教室没有一位学生带早餐，教学区的垃圾也大幅度减少，宿舍通宵达旦玩游戏的学生少了，宅寝室的学生少了，宿舍内务好了，烟蒂少了，图书馆人多了，教室的人多了。

B高校在教学楼入口设立文明监督岗，禁止学生带早餐进入教学楼，在宿舍有专门的宿管老师负责检查、督促学生寝室的内务、作息时间，校学工处也会突击检查，并且将学生宿舍内务、作息时间等检查结果直接纳入辅导员的绩效考核，看似制度严格，带来的效果却令人不满意。案例：B高校在全校的一次寝室内务大检查中，艺术设计学院7间寝室内务不合格，全校通报批评，对学院进行考核扣分，所属辅导员月度考核扣分，扣工资。而造成寝室内务不合格的学生在学工处的处理结果当中根本没有体现，辅导员对学生教育处理也没有有效的制度可遵循。

A高校之所以取得好的效果，就是因为它将制度管理作为核心，直接作用于被管理的对象——学生，真正做到以制度治校的理念。B高校看似管理严格，但它将老师、辅导员、宿管员作为管理的手段，所有的管理到老师、辅导员截止，并没有作用于被管理对象——学生本身。

制度文化是物质文化的保障，有了良好的制度文化才能让美丽的校园具有灵魂，才能让一座座教学楼不再是花瓶，才能体现出孕育其中的文化内涵，才能感染在其中学习、生活的人。

## 三、高校校园制度文化的构成要素

制度文化是文化的一个分支，是人们长时间积累形成的认知和习惯，它所反映的是人们的价值观和特定的行为方式。高校在发展的过程中以及大学生为了生存和发展所要遵从的规范、规则，也显示出了高校在长期的发展实践中形成的观念、习惯等，就形成了大学制度文化。

没有规矩，则不成方圆，高校校园制度文化是高校教育顺利进行的基本规范和具体保障，在培养人才、进行科学研究和社会服务这些长期的办学实践中，人们通过自主选择形成的有组织性和规范性的文化概念，包括对高校制度的计划、执行、监督、实施等内在的价值取向，同样也离不开高校校园制度文化这一不可或缺的实体层面。

### （一）高校组织制度文化

我国高校的宏观管理形式是由国家主办、政府主管，国家是高校的主要投资者，政府是高校的宏观管理者，行使着对高校的领导权、调控权和监管权。高校必须服从国家和政府的领导，依照国家的教育指导方针和政策法律法规来合理运行，为政府和社会培养能满足社会需要的人才。我国高校实行的是党委领导下的校长负责制，党委领导政策的实施，重点在于强调政府集体领导，实行民主集中制，在此基础上进行分工负责，各司其职，进一步推进政务和校务公开、群众监督的管理原则，尤其是对各级党政领导阶层的监督和管理。行政管理就是要充分尊重并展现校长的行政领导权，展现行政部门依照相关规章制度广泛开展教育工作的效用。我国高校的内部管理机制具有地方特色，与其他管理机制不同的是，高校的内部管理机制是机构组织与具有相对独立性的学科模式的结合。换言之，组织机构是按照类似于政府组织的模式进行构建的，而学科则依照学术组织的模式进行构建的。

高校组织制度文化是经过长期的实践而逐步形成的，也是一个不断完善的过程。高校组织制度文化的建立其目的是引导、激励和约束人的观念、行为。因此，高校各利益群体的文化理念都会不同程度的影响和制约着其制度文化，高校的管理层及其职能部门遵循什么样的理念，必然有与之相适应的组织制度文化。随着社会的不断进步和高校功用的逐步深化，原有的组织制度文化如不能适应社会变化和时代潮流，势必会对高校正常运转造成影响，高校的管理者必然要完善其组织制度文化，以满足现代高校校园制度文化的发展要求。

任何制度都是受一定的思想意识、理想追求所影响的，高校组织制度文化是一种具有明确价值取向的主体性制度文化，对高校校园制度文化的形成与发展具有不可忽视的重要意义，是高校校园制度文化形成、发展与创新的重要内在因素。高校的管理者是高校组织制度文化的构建者和引导者。高校组织管理的对象是高校全体人员，其最终目标也是为了高校全体人员自由全面的发展，因而高校组织制度文化要注重人文关怀。

### （二）高校人事制度文化

高校是为社会培养优秀的创新型人才的摇篮，因为承担着教书育人、服务育人和管理育人的重要任务，所以高校教师在这种制度文化实施过程中占有主导地位。那么教师如何发挥自身的主导作用，有效地提高教学质量和科研水平，对于高校职能的发挥有着重要意义。在高校校园里，工作岗位要求不尽相同，这就需要高校充分了解人才激励需求的多样性，对于不同岗位以及不同性格特征的教职工在制度文化方面进行有针对性的制定和创新，这样人性化的制度文化才能充分激发个体的主动性和潜能，达到人尽其才的效果。

当前，高校的人事制度文化坚持以优化队伍结构，有利于人才培养为导向，以实际情况为出发点，依照岗位设置、责任范围和工作量的不同，科学合理地确定人员职位、责任和数量等问题。

面对高校这种知识密集型的机构，我们必须以一定数量的人力资源为保障。当前，各所大学的教育工作者主要包括专业教师队伍、管理者以及工勤人员等。达到一定条件的大学可独立选拔人才，自主进行职务聘任活动，应鼓励大学面向社会公开招聘，引进高级人才。

随着社会的发展，我国高校办学规模开始不断扩张，硬件设施也逐渐得以改善，但是教学质量、师资储备和管理水平方面仍与现代大学的标准有一定差距，如部分教师只能教授基础课程的知识，缺乏高层次的人才，部分管理者的工作只停留在处理一般事务上，缺乏必要的现代管理思想、管理能力以及高效地处理好大学生思想政治教育问题的工作能力。这些在一定程度上降低了大学对人员管理的有效性，阻碍了高校又好又快发展。所以，高校应该制定合理的岗位结构比例以及教师评价体系和激励机制，将这些内容纳入大学人事制度文化之中，认真组织实施，以提高用人质量与效率。

现阶段，我国高校环境基本上是和谐的，然而，与日俱增的教育工作者的压力所带来的潜在的不和谐因素是我们必须关注的问题。为将此现象遏制在萌芽状态，作为高校的领导者需要为教师的发展创造必要的条件和展示才能的机会，努力营造团结平等、轻松和谐的文化氛围。在完善教育工作者的管理制度文化时，将着重关注如何提高教学能力、管理能力和服务能力。

对于授课老师而言，其制度文化要对教学内容、教学方法、教学手段加以重视，并积极探索新型教育模式和方法，提高教学水平，采用新型教学方式。高校的领导者还要经常与教师交流沟通，做到真正意义上的认识每一位教师，关心每一位教师，激发每一位教师主观能动性的发挥，根据教师的不同层次和不同需要，从一点一滴着手，把每一位教师视为高校组织中不容忽视的一分子，真诚关心和爱护每一位教师，在工作、学习和生活等方面设身处地为教师着想，以更加人性化的人事制度文化，激发教师参与高校管理的积极主动性。

## （三）高校教学制度文化

教学任务作为高校的核心任务，是高校管理的重要组成部分，优秀的高校教学制度文化是培养高质量人才必不可少的条件，是建立在科学的教学制度基础之上的文化。牛津高校颇具吸引力的特色教学是它的"导师制"，导师会在学期内定期与学生会面，导师与学生均为一对一的当面式的个体辅导，导师分别跟所带学生一起商榷个性化的教学方式，所有的课程均采用这种教学形式。导师在课程教授期间，会依据学生的情况，提供一个相关的论文标题，一本书和一个参照目录，让学生在一定期限内阅读完导师提供的书目，并按照规定提交一份两千字左右的论文，接着会引导学生和导师共同参与论文的研讨，互相之间针对论文的观点、论据进行探讨。导师制给学生创造出宽泛的自由氛围，极大地提升了学生学习的自主性和积极性，学生可以自由选课、听课，无须承受繁重严厉的考勤压力，拥有更充足的闲余时间及更美好的发展前景。导师制也着力于道德和知识的共同培育，导师是学生的良师益友。在导师制的培养环境下，教师与学生之间所体现出的不是师道尊严，而是关系密切的师友关系。导师承担传授学生知识和做人的责任，不单是关注学生课业上的进步和发展，还要关注学生的个人问题、心理问题、品行问题等。

我国高校传统的教学制度文化是在计划经济体制下形成的行政型教学制度文化，强调行政法规的权威性，在教学过程中遵循既定的规范程序，具有统一规范、有据可循的特点，这种教学制度文化这在我国高校发展史上发挥过积极有效的作用。然而，随着社会的变革，在具体的教学过程中，这样的教学制度文化显现出了一些弊端，如在教学运行中缺乏系统性、创新性与有效性。

目前，新时期高校承担的艰巨任务是培养高层次创新型人才。在高校里，培养创新型人才的关键取决于教学，这就要求新时期高校在教学制度文化方面要有所创新，注重教学资源的有效配置，使高校能够适应社会对人才评价的新标准。高校教学制度文化的创新是高校教学资源合理配置的制度保障，激发教和学两个方面的积极性以及这两个主体的潜能，有利于提升高校的教学能力，培育出更多的高素质人才，这也是现代教学制度文化的重要内涵。

鼓励创新的教学制度文化是培养创新型人才的重要保障。教学创新是在教学期间，以激发和引导为主要教育形式，以焕发学生的创新意识为内核，以提升整体素养的培育为载体，以培育学生的创新意识和动手能力为重点，全面开展创新人才培养计划。在高校教学背景下实施创新型教育，需要具备一个系统而准确的定位。一方面是将创新教育融入素质教育中，通过专业科目、思想教育、改进学习内容和方式提升学生的基本素质，尤其是培养学生的动手能力以及创新能力。另一方面是将创新教育融入实践教育中，通过社团行为、科技创业比赛等方式，让学生掌握与专业相关的创业基础能力。我国许多高校在上述方面都实施了有效的举措，获取了丰富的经验。

教学管理制度的主体包括老师、学生、课业、教授方式等要素。教师教学热情的提高、教学质量的提升、学生专业素养的培育均着眼于上述因素，以此构建科学的、标准的高校教学制度文化。要对这一制度文化体系进行系统思考，必须要了解教师、学生、教学环节方面的具体情况。在系统分析的基础上，融入高校的价值取向和信仰追求，着眼于这套制度体系的"导向性、自我约束力和人性化"，就能创设出比较科学的有关教学层面的制度文化。

因此，高校校园制度文化需要与科研、人事、学科构建、思想政治教育等各类制度文化建设相链接并进行协调，这样，身处教学层面的高校校园制度文化就能形成一套完整的运行体制。这些运行体制的持续改进和不断加强，能够逐渐打造出良好的高校校园制度文化的理念和环境，进而渗透到教师的行动习惯中去。

## （四）大学生日常行为制度文化

约束大学生的行为，使其符合高校校园制度文化规范，使大学全面解决自我设计、自我完善的转型问题，是现行的高校校园制度文化亟待解决的一个重要内容。因此，我们要重视大学生的主体地位，注重大学生的自由全面发展，确保各项制度文化理念能够维护大学生的切身利益，更好地为大学生的成长服务。

着眼于大学生群体文化的构建和引导。学生群体文化是指相对稳定的学生群体在面临相同或是类似的情境时较为一致的价值观念和行为方式，是广大学生依据社会的要求，按照既定受教育的目的和学习目标，在特定的环境中创造的一种与社会、时代密切相关，又有校园特色的人文氛围、校园精神和生存环境，是全校所有学生共同拥有、共同遵循的价值观念、社会心理、基本信念、思维模式和行为规范，是一所学校的性质、个性和精神面貌的生动体现。各大学在校团委领导下的学生会及各种社团是大学文化活动的主体，这些学生组织举办的各类文体活动是培育学生群体文化的重要途径。

建立一套科学的学生自身管理运行体制是各所高校学生管理任务的关键。大学生自身管理运行体制不仅要建立科学民主的管理理念，相信、依靠并尊重学生，全面激发他们在管理中的踊跃性和自主性，打造全员参与的双向沟通的管理方式，还需树立服务意识，从学校领导到老师，从教学一线到保障管理，均需树立大学生为学校行为主体的服务理念，通过义务及责任的分配，确定各部门的职权内容和范畴，根据大学生工作核心要求，由高校辅导员、导师和全体学生工作干部的共同介入，完成大学生日常管理工作，实现大学的育人目的。

# 第三节　高校校园制度文化建设的基本思路

## 一、高校校园制度文化要体现独立性

### （一）政府下放权力

传统的高校校园制度文化与政府的集权管理密不可分。从以往政府制定的教育改革机制来看，政府管理高校的权力范围过于宽泛，在该发挥导向作用的问题上没有处理好，宏观管理方面有待加强，在微观管理方面掌控过多，本该下放管理权的事情又少有放权。显然，政府对职责范围内的事情是清楚的，现在亟待解决的问题在于把具体事务的管理权彻底分离出来，将管理重心放到制定发展战略、结构布局、信息服务以及各种间接调控等方面。从政府角度看，现代高校校园制度文化的管理理念就是要发挥好导向作用，作为营造高校校园制度文化的中坚力量，政府要切实发挥好对高校校园制度文化的引领作用，协调好高校文化资源。

因此，政府必须统帅全局，从代表高校和社会根本利益的角度出发，对高校进行宏观管理，下放一部分权力，划清政府管理高校的责任范围，并保证其在管辖范围内逐步提升管理水平，促进高校的健康、有序发展。

伴随着市场调节对高校行为越来越强烈的影响以及各类中介机构的不断发展壮大，政府可以将自己拥有的部分权力交予这些机构，以便其能够得到更好的履行。经由委托代理制的创建，使得举办权、办学权及管理权正式分离。为了符合高校校园制度文化的特征要求，不应仅是单纯地将行政权力加以区分，更重要的是要以法律要素的构建为基准，保证分离出的各个主体都具备应有的法律职责、权利和义务。委托代理制作为一种能有效划分权力的举措，普遍应用于当今社会不同领域。委托代理是指委托人把部分权力通过出具法律文书的方式转移给代理人行使，代理人必须遵守委托人的规定，按要求合法的行使对方赋予的权力。分离主体权力的即委托人，接收这些权力的就是委托的代理人。委托和代理虽然在其表现形态上与行政授权类似，均为一种权力分配，其实二者之间存在巨大差异。委托代理制可以看作是一种契约合同制度，牵涉到二者在法律中都拥有相同的权利，但行政划分却没有上述的契约特征，而是存在着从属关系的授权，二者之间的关系并不平等，是上司与下属的关系。

与此同时，还需创办由中央和地方分级管理、地方为主的管理制度。以细化管理内容及管理方法为基准，推进政府宏观管理，分配好政府间权力的占有比例。在此层面上，我们所面临的是中央政府占据的权力比重过大，地方政府很多时候仅仅只具备行使的权力。

我国地大物博，不同的行政区域，无论是天然风貌、人员组成，又或者在经济文化的推进速度等层面均存在巨大的差别。实施分级管理、地方统筹为主的管理模式，便于科学管理，能更好地满足地方经济发展的需要，同时有助于细化中央的管理范畴，增强管理的可行性和科学性。还需要重点关注的是，通过权力划分，使得政府之间运行一套行之有效的控制系统，便于中央政府及时了解地方的执行情况，同时，地方也能关注中央的政策。需要明确的是，执行省级为主的管理制度，仅仅是管理层级的下放，旨在保证高校的发展是基于符合地方实际发展的前提下进行的，并不意味着省级政府被提高了管理权限。

## （二）体现办学自主权

政府不应简单地将高校视为其下属行政机构，而需将其认定为隶属社会的公共区域，视作社会的学术机构去创办，其关键在于体现高校主体性和相对独立性，体现高校办学自主权，减少高校对制度性的依赖。高校要具有办学自主权，即高校要有自我发展与管理的能力，要求办学者在能够自主决策的同时，还能承担其行为后果的责任，即高校要有自我责任意识和自我约束、自我监督机制。决策权与责任制相结合，组建出完整的自主权，只有两者的完美结合才能使自主权顺利实施。

决策权需要有详尽的决定内容做基石，不然决策权就是纸上谈兵。要做到这一点，就是要贯彻落实《高等教育法》中的规定，把高校自主权从真正意义上归还给高校。在专业与学科设置方面，我们应当将专业和学科目录视为参照对象或任务目标，而并非绳索，这样对学术研究的精进提高大有裨益。专业和学科科目是一种人类出于某些行为目标，依据研究对象的固有特性所实行的人为划分知识类别的措施，不能全面展现研究对象的真实面貌。新专业及学科的不断面世，毫无疑问会为人们划分知识类别提供新的标准，所以我们应该促进高校的学科建设，并非单纯地只注重现有的学科目录。

在领导选任方面，执行各级领导任期制，任期制作为责任制在监督、管理方面的一种表现形式，要求领导应该有特定的任期，在任期间需要很好地完成自己所承担的责任和工作。这样不仅能够展示职责所在，更有利于高校的健康发展。从任命方式上看，尽管委托制和任命制在形态层面均表现为高层级对低层级的任命，可是它们之间还是存在非常大的差异。委托制作为职责的托付，将职责伴随任命一起移交给对方，而任命制仅仅具有任命一层内涵，接受任命的人只需承担职位对应的职责，不需要对其他工作负连带责任。也就是说，接受任命的人只要明哲保身，就算没有突出贡献也不会被认作失职，所以是否有贡献完全依赖于受任命者的敬业精神，这种方式大大降低了受任命者的积极性和主动性，更进一步地，影响了制度文化的发展和创新，减缓了高校的发展步伐。

由此看来，只有在任命形式上加以改进才能解决上述问题。我国现有的任命制度完全基于"党管干部"这一政策，领导者都是接受对应的各级党委的任命，可是这些任命组织对高校的各项工作了解甚少，对其办学行为甚至不加以严格审查，最终导致对领导者的考核仅仅凭借基本的政策规定进行，完全没有顾忌到高校的特殊性。上述做法对责任的构建无法提供帮助，任命的权力应该移交给委托代理人承担，这样才能使责任和任命完美结合。

## 二、高校校园制度文化要体现开放性

### （一）建立政府、高校和社会联动机制

伴随知识经济时代的不断发展，高校的学术理念也随之发生了转变。政府、

高校本身及社会均承担有推动高校高度社会化、保持高校机构平稳发展的职责，其本质是要建立政府、高校和社会有效的联动机制。社会需要催生出了高校这一特殊组织，高校的改革和发展则是由社会新需求所推动的。假设一所高校忽视了要解决实际生活所产生的问题，那么显而易见，这所高校就没有承担起自己应负的责任。现代高校更注重于不同价值观的调解与均衡。作为一个特殊的社会机构，高校行为不管是直接或是间接的举措，最后均要与政府、社会产生交集，使得二者参与其中。

高校的最终目的在于服务社会，因此，高校会根据社会需要的转变去不断地完善自身的制度文化。在政府的指导下，高校面向社会、自主办学是一个互相影响的过程，不单展示出了高校对社会的依赖，更展示出了社会对高校的依赖。社会不仅被视作高校的消费者，更被视作高校的支持者，如果脱离了社会的反馈信息，高校根本无法面向社会。社会和高校的双向依赖的过程，能大幅度削弱高校与社会间的隔阂，对高校高度社会化有推波助澜的作用。政府及社会一起监管社会问题，在此，政府和社会展示出对等的法律合同关系，而非上级与下级的关系。在政府和社会的联系中，政府既是领导和管理者，又是合作者。政府很好地认识到自身的形象及改变自身的管理风格不仅仅是政府的单方面举措，针对社会机构的治理数量和治理质量也并非全部由政府本身的信念态度决定，更大比例上依赖于社会机构如何给政府提供治理的空间和支持，依赖于社会机构本身在怎样的程度内具备自身治理的前提和能力。但凡社会能够自我解决的问题，政府就不需要过多干涉，而社会无法自我解决或自我解决不够完善的问题则需要政府出面。这样，政府和社会各司其职，不仅为国家及社会的稳固前行铺设了道路，也充分保证了社会和群众的利益。

由于深受计划体制观念的影响，目前我国高校的社会化水平普遍偏低，市场准入度不高。要促进这项工作，不仅需要高校校园制度文化作为支撑，还需要高校校园制度文化的不断激励和指导，这是高校校园制度文化的一个重要内涵。结合我国现状，应该采用多种创建模式的办学制度文化，逐层推进，创建出以政府办学为主、社会各界协同的办学制度文化，这将成为我国高校体系改革的一个根本指导思想。加速这一进程的实行，会极大地改善当前我国高校制度过度单一化的情况，确保创建制度能够更加地多样化，衍生出各种形态。加速多样化高校制度的形成，不仅要鼓励各种社会力量参与到高校领域之中，帮助创办高校，更要肯定多元化的创办模式，但凡对推动我国高校发展有益的各种创办模式都允许进行尝试。

高校的决策基本上是在计划体制下产生的，当要面向社会办学时，这类决策手段通常会有极大的局限性，其中最大的问题就是断绝了与社会的直接接触，不能有效改善学校的决策能力和责任态度，导致高校行为缺乏系统性的管理，没有受到有效的监管。如要很好地处理这一情况，需要在高校创办一个由校外人员构成的咨询组织，包括政府官员、杰出校友、专家学者以及相关单位，用来引导高校做出正确决策，通过他们自身具备的专业知识、社会背景来充实高校校园制度文化。

为了保证这类决策咨询组织能够具备稳定性及良好的决策能力，需要辅以相应的奖惩措施作为支撑，创办稳定的由校外人员构成的高校自身评估组织，经由客观评估来协调高校的决策活动。自身评估作为整体评估系统的重要构成因素，由于高校在执行自我评估时往往采用校内人员去构建组织，很大程度上受到高校利益的驱使，从而使这种评估失去了客观性和它固有的价值。在此方面，需要以一定的制度形式，规范高校自身评估的构成，要求评估组织应当由一定数量、不同类别的校外人员组成。这些途径和渠道，既能发挥咨询的作用，也具有监管和自我评价的作用，有效地发展这些组织，是高校完善其制度文化的基本途径。

## （二）建立与市场经济文化相协调的校园制度文化

现行的高校校园制度文化建设需要市场经济文化充分发挥应有的作用，使高校能够根据市场供求变化对高校校园制度文化活动进行调整，与不断发展的经济和新时期的社会潮流相适应。高校活动在现代社会中逐渐体现出了商业化的特性，在高校转变为商业化高等劳动力和商业化科学技能的创建者和管理者时，市场功能和它的调整能力就开始正式发挥效用了。

市场调节保证了高校能够敏锐、快速地适应外界社会的需求。高校的这种适应性从根本上看就是对社会消费的适应，高校对社会需求把握得愈精准、愈高效，它的适应能力就愈强。从对社会需求的反映上看，市场是最能够展现其效果的方式。在此层面，高校依据市场供应的要求不断调整目标来完成自我调节，这种方式在很多方面都优于经由政府计划实施的调节。

威廉斯说过，"市场模式的主要优点是它可以不断地刺激学院和高校，使其适应不断变化的经济和社会状况。"市场调节保证了高校的多元化和独具特色。一方面，多元化地社会需求使得高校必须适应为其供应多元化的服务，另一方面，高校必须通过打造各自的特色文化，凭借独特的内涵和形式来维持自身的竞争优势。当高校掌握了这种有效的调节手段，就能自主地形成合理的结构及规划。相较于计划形式，市场在这方面产生的效果尤为显著。市场调节不仅让高校变得更加自主和独立，还展现出了其勇于承担、持续发展、充满活力等特点。市场活动发生在各个市场主体中，高校只有具备了自主和独立才能成为市场主体。市场通过它的主体性要求让原本基于学术自主而创建出的管理具备了双重基础。

此外，市场调节也使得高校的活动更加富有责任及活力。在市场机制的调节下，各类经营主体均有可能遭遇盈利、亏损、破产等状况，这是它们所要承担的风险。风险机制在商业规划中凭借利益的驱动和亏损的压力发挥着功效，迫使每个经营主体时常要关注生产运营情况，进而敦促并激励它们认真努力、传承创新、持续发展。高校也在市场的风险和获益的双重驱使下运行，保守、不加以改变都会让高校在激烈的竞争中沉溺甚或消失。

市场调节不仅使高校的价值获得了社会认可，而且推动了高校的开放。在市场经济体系下，一个市场主体存在的价值，只有在市场交换中才能得以展现，高校只有面对社会，以开放的姿态寻求市场交换，才能够体现出其自身所蕴含的价值。能够在市场上进行有效交换的，就意味着其劳动价值获得了社会认可。知识与人才在当今社会中所展现的巨大价值，经由市场交换得到了进一步的证实，而就是在这样的证实下，推进了社会对高校的关怀和支撑。然而，经济活动的市场本身存在一些弊端，高校也同样存在一些弱点。市场是以供求关系来调整高校活动的，高校针对不同的供求关系采取不同的反应，高校自身无法反映这种供求关系。

长此以往，高校之间在现实社会中将不能自主地均衡各自的发展规模和规划，进而致使高校凭借经验盲目发展，消耗了不必要的教育资源。所以，市场调节只是调节手段之一，它还需要配合相应的政府宏观调控才能发挥正确的效用，将政府宏观调控和市场适度的调节有机结合，方能创建出一个更加完善的高校运行制度。

市场调节作为高校管理的一项有效举措，必须建立一种高效的市场反馈体制。市场调节的效用能够被视为一种信息反馈，这样的信息体现出了社会发展的最新需求。经由政府或高校建立一个高效的市场信息反馈体制，不仅可以很好地调节高校资源的合理分配，而且能够快速准确地将市场信息反馈到高校校园制度文化构建的各个方面，全面规划高校校园制度文化的运行，推动高校创办有自身特色文化，培育出能够满足服务于社会这一目标的人才，凭借不同寻常的办学理念和特色，保证自身的市场竞争优势。高校可以通过改变教学方式及课程设计，让学生拥有一个充满创造、协作的学习氛围，这样会有助于激发学生开放的思维和创新的意识，以及适应社会的能力。

在充满竞争的社会里，具备上述价值理念和能力是获得成功必不可少的先决要求。为了确保高校在文化资源的角逐中拥有同等的权利及义务，需要建立一种开放的、公平的制度文化氛围。有市场就会有竞争，高校之间的竞争大多表现在院校之间、学生之间以及教师之间等。高校校园制度文化一样面临着文化资源的竞争，但这种竞争需要遵守相应的政策法规，以便起到良好的作用。所以，我们需要创建并完善对高校市场活动的评估和约束的制度文化，打造公平竞争、适者生存的市场环境。

此外，我们还应该创建具有开放性的评估机制，设置自我评估、社会评估及政府评估等相结合的多种路径的评估信息机制；还可以分类评估制度文化，增强评估的真实性和有效性，以此评估作为高校竞争的有用参考，帮助高校勇于承担、持续发展、充满活力，使高校校园制度文化的价值得到社会的认可。

## 三、高校校园制度文化要加强人本管理

### （一）树立服务至上的管理理念

学生作为学校的主体，往往成为弱势群体，没有说话的权利。特别是关系到学生利益的规章制度都由校方说了算。如果能够经常听取学生代表的意见，将会使这些制度更加容易被学生接受，进而实现制度育人的目的。所谓的让学生参与，未必是让学生动手制定制度，而是听取他们的意见和心声，了解他们的合理需求和愿望。高校学生管理的一个重要目的是调动学生学习的积极性和主动性，高校任何一项管理规章制度的出台都应符合这一目的。这就需要管理者贯彻以人为本的思想，以面向教学第一线、面向服务对象为原则，形成利于学生发展的严谨、活泼、宽松的人才培养环境，促进学生创造思维和个性的发展。可以说，高校管理者与学生之间存在一种权利义务关系，在高校的制度中应明确学生的权利，包括学生参与教学管理、对学校决策有知情权等。

因此，学生参与学校制度文化改革与建设是不可忽视的一个方面。人本化管理就是要给学生更多的自主权与知情权，这并非是在否认高校管理制度的权威性，或者是去除制度对学生的约束，而是要考虑什么样的制度更有利于学生发展。学校的管理工作需要管理者与学生经常沟通和相互理解，没有亲身参与便不能有切身的体会；处在成长期的青年学生有很强的可塑性，忽视学生的自主意识而只采用刚性管理，很容易使他们产生反感。正确认识高校的主体，把主动权交给学生，引导学生加强自我管理，并让学生参与制度的制定和管理是高校尊重学生的主体性的体现。同时，还能发挥学生积极性，使之关注学校教学科研工作的改革，并能在学生与管理者之间、师生之间建立良好的关系。

### （二）建立发展性教育评价体系

教育评价包括对学生的评价、对教育的评价、对学校的评价等，这里只谈对学生的评价。当前，受基础教育评价观念的影响，"智育第一"和"以分数论高低"的评价观念和评价制度依然弥漫在很多高校中，考试形式单一，并且过分地把考试成绩视为衡量学生的标准，以及不重视其他方面的考查是当前评价体系的弊端。要想改革这种观念，就要改革制度，而改革制度的核心在于改革学生评价。

改革评价制度，可以通过建立学生发展性评价体系实现。发展性评价注重的是过程，通过收集并保存与被评价者发展状况相关的资料，分析被评价者的发展情况，这些分析的目的在于形成对被评价者发展客观完整的认识，并在此基础上针对被评价者的优势和不足给予激励或具体的、有针对性的改进建议。

高校可以通过导师制和教授研究室开放以及专题报告活动，对一、二年级的大学生进行科学的兴趣、能力、性格测试，评价其个性和优势，根据这些优势指导学生选择职业目标并将职业目标与当前的学习紧密联系，帮助学生制定选课计划和各种活动计划。每年定期让学生根据自己制定的计划对所学课程和各种能力进行自我评价，发现不足再修改方案，不断完善方案。这种方法有利于学生主动进行素质教育，提高学习能力和对各种知识的学习动力。

## 四、高校校园制度文化要坚持学术自由

高校作为社会性的学术与文化组织，拥有异于其他社会机构的特殊性。现代高校校园制度文化重点着眼于高校身为学术性的文化组织的主导作用和独立性。由此观之，高校的管理应该有多个团体参与其中，高校的管理和运作应由很多人共同承担，但这样就会导致权力被瓜分。行政权力是一种法定的权力，是对高校工作的计划、组织、指挥、协调和控制，是维持高校的日常运行，维护高等教育稳定和有序发展的保证。学术权力是在教学科研过程中，在探寻学术发展规律的过程中所形成的一种权威，它能引领高校内部学术性工作的正常开展，规划高等教育发展战略，激励学术创新。有效地均衡学术权力和行政权力是高校自身管理制度的一个基础法则，行政权力愈大，人为管理所占的比重愈多，学术决议受到行政权力的影响愈多。如果缺乏必要的行政权力干预，高校作为一种组织机构则不能正常开展工作，所以若要让高校管理进入最佳状态，就有必要合理分配学术权力与行政权力所占的比例，以确保学术权力能展现出最佳的效果，使高校享拥有足够的学术自由，确保行政权力依法行使，维持管理的正常运行及教育成果的公正性，以此作为高校校园制度文化的基石，这正

是高校校园制度文化建设的终极目标。

世界上大批名声斐然的高校，均是以学术权力为核心组建而成的学术机构。例如，美国的终身教授制，在根本上维护着学术权力，还有他们对学术生产掌握的合法性，保证学术权力不会受到行政权力的控制。学者把对学术的追求居于首位，为了学术的发展在各类学术组织之间自由游走。西方的高校对科学和文化的发展提供着重要支撑，正是因为它们拥有这种学术自由、海纳百川、学者治校的高校校园制度文化。

与西方高校相比较，我国高校机构组成和布局模式，都是仿照行政部门而形成的，针对行政权力所创建的。高校中不同的职责部门原本是需要为教学与科研效劳的组织，然而，这些部门行使着办学的人财物等各项资源划分的权力，学术人员在进行科学探索时所需的资源都是由行政机构划分和评估，学者对学术的追求从属于对各项权力的追求，从而使得行政权力不断细分，行政机构持续扩张，"官本位"现象开始凸显。更为深层的还被行政权力扩张左右，由此致使学者尊崇权力，使学术探索不再以追求真理为目的，削弱了学者的探求意识和创新意识。

所以，高校应该针对知识生产和学术研究创建出以学术为核心的管理方式，创建学术研究的鼓励和指导体制，从根本上发扬一种厚重的、广博的、批判的、寻求新知识和真理的高校校园制度文化。在做到服务社会的同时，还原高校的教育和探索目标，摆脱行政化、官场化的特点。对于建设一流高校而言，高校的这种制度创新和文化更新更具基础性和重要性。

在高校发展过程中，组建出尊崇并保护高校学术文化特征的体制，充分发挥学术权力，支撑着高校校园制度文化改革和发展的基础依然是高校自治和学术自由。学术自由代表着平等地思考问题，自由的探究问题。高校组织应该为每位学者独立地研究学问提供可以自由思考的氛围。高校能够经由委员会制度去创建这个学术自由的氛围，展现教授在教学、研究方面的专家效用，展示学术权力。在委员会的人员组建方面，应以专家为主体，并力求成员身份的多元化，降低"行政化"对委员会的影响，强调对事不对人的理念原则。

在委员会的执行方面，为了保证委员会制度能够达到应有的效果，可以创建一套严格的规章制度，为学术权力提供制度层面的支持。高校在职位聘用、人员引入、学术水平评估等层面都需要汲取专家的建议，给予如学术委员会、职务评聘委员会、教学委员会等组织更加实际的权力，确保委员会经过规定程序做出的决策能得到真实有效地展现，行政权力不能任意将其改变。

# 第七章　高校校园文化与大学生职业规划

当前，高等教育呈现大众化发展趋势，高校应当认识到职业生涯规划教育的重要性，以提高大学生的职业规划能力，使其迅速适应严峻的就业环境。本章分为目前我国人力资源市场概况、高校校园文化与大学生就业、高校就业教育与校园文化的关系三部分。主要内容包括：人力资源及人力资源市场的定义、人力资源市场的特征和分类、人力资源市场的作用、我国人力资源市场发展面临的问题、高校校园文化与大学生就业的关系等方面。

## 第一节　目前我国人力资源市场概况

### 一、人力资源市场的定义

#### （一）劳动力市场

劳动力市场是指在劳动管理和就业领域中，利用市场机制，根据市场规律，自觉调整劳动力供求关系，对劳动力的流动进行合理引导，从而实现劳动力合理配置的机构。

传统意义上的"劳动力市场"是体力劳动者选择工作的地方，通常被称为劳动力市场。直到现在，劳动力市场主要服务的对象也是相对基础的人力资源，如城市下岗工人和外来务工人员，而且提供的服务内容相对简单。

#### （二）人才市场

人才市场是人才流动和交流的场所，是人才流动和就业的中介环节。人才市场是调整人才供给和需求的平衡的基础机制，又是实现人才和生产资源按照比例更好结合的重要机制，更是实现人才所有者和使用者经济利益需求的媒介，以及人才流动、人才存储和发展的场所。人才市场是社会生产中主观生产要素的市场，是市场不可缺少的有机组成部分。

传统的人才市场是知识工作者选择职业的场所，目前人才市场主要为大专以上学历，或有专业技术职称、相对高端的人力资源服务，包括人才供求信息、人才素质开发和评估认证、人才流动性、职业选择竞争、人才开发和利用等。

### （三）人力资源市场

人力资源市场是指在市场规则和机制作用下，个人自主择业、单位自主选择用人、中介组织提供中介服务、政府部门宏观调控、监督管理、提供公共服务等相关活动的总称。

人力资源市场可以划分为广义的人力资源市场和狭义的人力资源市场。广义的人力资源市场是一个包含公共服务、市场配置服务，规范监督三个方面的完整系统，还包含求职者从找工作、就业、培训、升职、失业和退休的整个过程，覆盖用工单位招聘、劳动安全情况、福利待遇、辞退等许多环节，包括劳动力流动和规定，劳动关系的建立和调整，中介服务、社会保障、劳动立法和执法等很多方面，在其中发挥运行作用的是各种人力资源服务机构。狭义的人力资源市场是一个以信息为媒介进行人力资源交易的场所。

## 二、人力资源市场的特征和分类

### （一）人力资源市场的特征

#### 1. 人力资源市场交易的产品是无形的

在其他市场上交易的产品是有形的，交易完成后，产品的所有权也相应发生了转移。在人力资源市场上进行交易的是人的劳动能力，这些是看不到、摸不着的，所以用工单位和人力资源者签订用工合同后，人力资源还是依附在人力资源者上，所有权属于人力资源者，在使用人力资源的过程中，人的劳动力才能被用工单位所使用，人力资源将永远无法直接转让给第三方。

#### 2. 人力资源市场交易的对象是难以衡量的

人是控制劳动能力的主体，在人力资源市场进行人力资源交易的时候，有些人关心的是高工资，有些人关心的是舒适的工作环境，有些人只关心自己能在工作中用到自己所学的专业，有些人则是看重领导者的魅力；而用工单位根据不同的岗位也会需要不同类别的人力资源者，总之，很多种因素使人力资源市场的交易双方变得不确定。人力资源是不可量化的产品，人力资源者的自主性也使人力资源市场充满了不确定性。

## （二）人力资源市场的分类

人力资源市场有多种类型，根据不同的标准可以分为不同的类别。

1. 根据人力资源市场的范围划分

一般可以分为区域人力资源市场和行业人力资源市场区域。人力资源市场是根据人力资源交易双方在一定时期内的地理位置来定义的，如新疆人力资源市场、陕西人力资源市场；农村人力资源市场、城市人力资源市场；国内人力资源市场、国际人力资源市场等。行业人力资源市场根据交易行业的性质进行划分，如建筑业人力资源市场、餐饮业人力资源市场等。

2. 根据人力资源者的素质要求划分

一般可以分为专业技术人员市场和普通人力资源市场。专业技术人才市场是指在某些领域具有外行人无法替代的专业知识、技能和经验所形成的人力资源市场，如为工程师、会计师、医生等专业技术人员服务的人才市场。普通人力资源市场是指由普通产业工人、服务行业从业人员等构成的人力资源市场，它包括的人数多、规模大、范围广、竞争激烈，也被称为综合型的人力资源市场。

3. 根据市场的竞争自由度划分

一般可以分为完全竞争人力资源市场、垄断市场和不完全竞争市场。完全竞争人力资源市场是一种理论化的市场形态，它要求具备完全的人力资源市场信息条件，人力资源供需双方的所处的信息环境基本一致，都能接受充分的信息，人力资源人员要有足够的流动性，不存在非市场化的障碍；供需双方都可以根据自己的意愿自由选择人力资源交易方式。

垄断市场是一种极端的市场形式，分为买方垄断和卖方垄断，其基本特征是信息极度不对称。在这种状态下，一方控制着市场，交易完全由控制方决定。

不完全竞争市场是介于完全竞争市场和垄断市场之间的一种状态，市场力量和非市场力量同时起作用的时市场竞争形式。供方和需方既要以市场因素为导向，也要受行政因素的约束，这是一种常见的市场形式。

4. 根据其是否主要以营利为目的划分

一般可以分为公益性人才市场和经营性人才市场。公益性人才市场主要是政府拥有的人才市场，它的主要功能是通过市场发展一系列社会化服务，解决就业和再就业问题；建立公益交流平台，为供需双方及全社会提供公益、权威的人才供需信息、价格信息；建立公益性公共人事和社会服务体系，从人事关系档案、职称、社会养老保险等方面为入手点，提供全方位的人事代理服务；

实施公益性继续教育和人才资源开发培训，提高人力资源质量，引导就业；开展公益性人才评价，研究建立指标合理、手段先进、可操作性强的科学人才评价体系；进行不以营利为目的的人才市场配置业务；从与政府行政部门的关系来看，公益人才市场和政府部门本质上存在着受委托与委托、受监督与监督的关系。

经营性人才市场主要从事人员招聘、人员培训、人员评估和其他个性化服务，是以盈利为目的，是一个完整的市场主体，在与政府管理部门的关系上必须得到相应的行政许可，并接受相应的行政监督。

## 三、人力资源市场的作用

### （一）动力功能、催化作用

人力资源市场能够更好地配置人力资源的需求状况，从而适应经济发展的速度、规模和层次。总而言之，它可以以更快的速度和数量来保障国家经济发展战略和宏观经济布局对人力资源的迫切需求。

### （二）调节功能、平衡作用

人力资源市场可以调节人力资源的相对富余和短缺，进而促进优势产业、部门和营利性企业的崛起和长足发展；能够自动平衡不同层次、不同类型、不同区域的人力资源供需，使人力资源的结构、布局、密度和使用保持均衡发展。

### （三）信息功能、中介作用

人力资源市场是市场经济体系中的重要组成部分，市场经济的发展使得社会对人力资源的需求急剧增加，很多信息进入人力资源市场，人力资源市场能够对这些需求信息进行收集、储存、查询、统计和传播，为用人单位招聘吸纳人才和各类人才个体择业求职进行沟通联系，提供中介服务。

### （四）激励功能、优化作用

人力资源竞争的载体是人力资源市场，人们通过人力资源市场的竞争，可以促进人力资源流动，使人才脱颖而出，优胜劣汰，可以促进科技进步和劳动生产率的提高，从而优化人力资源资源，打破僵硬的、集中的"统包统配"和"部门所有、单位所有、区域所有"的人力资源管理体制。

### （五）评价功能、导向作用

人力资源市场通过主体间的平等竞争，在市场中检验和评价人力资源的使用价值和价值，由此形成了评价人力资源的具体标准，划分了人力资源的不同层次。人力资源的水平跟人们所获得的薪酬数量有直接影响。因此，我们需要引导人们不断努力学习，积极参加职业技能培训，提高自身的劳动力的使用价值。

## 四、人力资源市场发展面临的问题

改革开放以后，我国开始步入市场经济时期，国家经济和企业都得到了良好的发展，尤其是对于企业来讲，它们开始逐渐认识到人力资源的重要性，正因为如此我国的人力资源市场得到了良好的发展。

虽然如此，但是我国的市场经济发展时间比较短，人力资源市场在发展过程中也开始暴露出一些严峻的问题，主要体现在以下几个方面。

### （一）相应的法律法规还不太完善

随着我国人力资源市场的建立和发展，相应的法律法规也开始出台。为了保障劳动者的合法利益，我国先后出台了以《劳动法》为代表的多项法律法规，但是目前的法律法规仍然无法满足人力资源市场迅猛发展的需求，主要体现在以下几个方面：第一，目前，我国的人力资源市场发展迅速，变化非常快，而法律法规的出台周期比较长，无法满足快速变化的人力资源市场的需求，导致法律法规的出台有一定的滞后性，起到的作用也大打折扣；第二，相应法律法规的监管力度不强，虽然我国目前有许多有关人力资源市场的法律法规，但是这些法律法规在执法力度上还是存在着一定的问题，一些专门的市场监管人员并没有起到应有的监督作用，使得法律效力无法全部发挥出来。

### （二）高素质人才普遍缺乏

通过调查和研究显示，在我国的人力资源市场中，人力资源的数量已经初具规模，但是大部分都是普通从业人员，高素质人才的数量还非常稀少，主要体现在以下几点：第一，人力资源市场中，从业人员的学历普遍偏低，硕士及硕士以上的人才资源普遍低于10%，在很多人力资源的服务机构中，大学以下学历的人员占到了就业人员总数的一半以上，从业人员学历低的现场非常普遍；第二，专业技术人才不足，在一些人力资源市场的服务机构中，专业技术人才的比例比较少，很多人员并没有经过专业的训练，尤其是一些高素质的管理人才和专业人才等，这些都是企业急需的人才，企业的需求与人力资源的供给不完全吻合。

### （三）落后的体制性障碍仍然存在

虽然我国大力倡导发展人力资源市场，为企业提供所需要的人才，但是一些旧的、落后的体质性障碍仍然阻碍着人力资源的发展，主要包括以下几点：第一，户籍制度的存在。例如，一些外来务工人员进入大城市以后，普遍享受着不公平的薪资待遇和公共服务，他们的工作环境和薪水与本地务工人员相比仍然存在着一定的差距，这种现象阻碍了人力资源的正常流通，不利于人力资源市场发挥应有的作用。第二，一些用人制度的限制。目前在一些国有单位中，仍然存在着以学历选拔人才的制度，认为高学历的人员就是高素质的人才，而且还增加其他的一些限制因素。

### （四）缺乏统一的行业规范和标准

随着科学技术的发展，一些招聘网站开始发展到一定的规模，就业人员可以通过招聘网站进行企业的查找和简历的投递，等等，但是由于目前线上招聘发展的时间比较短，缺乏统一的行业规范和标准，导致了一系列不好的现象发生：第一，一些招聘网站打着招聘的幌子，使得从业人员将个人信息透露给他们，他们将这些信息卖给一些培训机构，赚取不法利益，损坏了从业人员自身的利益；第二，一些猎头公司没有对面试人员进行严格的筛选就提供给企业，同样将非法企业提供给面试人员，导致了企业和从业人员都有着相应的损失。

## 五、人力资源市场发展的对策

通过以上的分析和论述可知，我国的人力资源市场在发展过程中还存在很多问题，这些问题严重阻碍了人力资源市场的长足发展，同时也影响着从业人员和相关企业的利益，因此为了确保人力资源市场的稳定、健康发展，必须采取相应的措施，解决目前人力资源市场发展中出现的一些问题，为此我们需要做到以下几点。

### （一）健全法律法规和监管体制

通过以上的论述可知，相关法律法规的不健全是目前我国人力资源市场发展过程中面临的一个重要问题，因此为了解决这一问题，必须要健全我国的法律法规，同时加强相应的监管体制。为此，我们需要做到以下几点：第一，健全我国的法律法规，可以在现有的法律法规的基础上，完善和细化某些项目，使得法律法规更加贴近实际情况，同时还可以根据人力资源市场的不断发展，重新制定与人力资源市场发展相关的新的法律法规；第二，为了确保现有的法律法规得到实施和执行，必须建立相应的监管机制，在增加监管人员数量的同时，也需要提高监管人员的素质，加大监管的力度，确保相关法律法规的有效实施。

### （二）完善人才的培训和再教育政策

根据目前对人力资源市场的调查情况可以看出，如果要促进我国的人力资源市场持续发展，就需要不断完善人才培训和相应的再教育政策，提高我国高素质人才和专业人才的数量。为此，我们需要做到以下几点：第一，对从业人员进行思想教育和宣传，使得他们充分认识到培训和再教育的重要性，通过不断的学习才能在激烈的竞争中获胜；第二，通过采取一定的优惠政策，吸引人力资源市场中的从业人员主动进行培训和再教育，从而不断提高自身的素质，找到技术含量更高、薪资待遇更好的工作。

### （三）摒弃落后的体制限制

通过近几年的人力资源市场发展的情况可以看出，一些落后的体制严重阻碍了人力资源市场的长远发展，因此需要摒弃这些落后的体制限制，使得人力资源得到最优的配置。为此，我们需要做到以下几点：第一，转变企业选拔人才的部分落后的观念，在企业选拔人才的过程中，将人才的学历看得过分重要，但是学历只是选拔人才过程中一项重要的参考指标，并不是决定性因素，企业需要的是综合性的高素质人才，必须从各个方面对人才进行综合的考量，才能选拔出最适合企业的人才；第二，摒弃部分地域限制政策，使得外来务工人员能够享受到与本地人员同等公平的待遇，提高他们工作的环境状况和福利待遇，这样能够帮助企业吸引更多的人才，同时提高人力资源市场的公平性，能够更好地促进人力资源市场的发展。

### （四）建立人力资源市场的统一标准

为了使企业和从业人员的自身利益得到保障，我们必须要对人力资源市场进行定期的考核，建立一些相关的考核标准，以确保人力资源市场的发展朝着更加规范化的方向迈进。为此，我们需要在以下几方面进行努力：第一，对参与人才选拔的企业和从业人员进行一定的审核，保证他们提供信息的真实性，同时建立一定的审核标准和信用等级，使得企业和从业人员能够充分了解双方的各项信息，从而能够保证人才和企业两方面的利益；第二，加强对企业招聘操作的监管，强制要求各个企业对人才的各项信息进行保密，对于以招聘为借口泄漏应聘人员信息的企业给予相应的处罚，树立起人力资源市场发展的公信力；第三，由于现在网络上存在很多虚假的信息，严重影响了企业和求职人员的利益，所以我们在进行网络招聘时，一定要进行实名认证，这样不仅保证了企业和求职人员的自身利益，也是进一步规范人力资源市场的有效措施，能够确保人力资源市场的长足发展。

### （五）提高从业人员的素质

为了提高人力资源服务的水平，培养更多各行各业的专业人才，我们应该积极地举办各种形式的培训班课程。另外，还要鼓励高校学生申请人力资源服务专业的研究生和硕士学位，提高从业人员的学历水平和知识水平。同时，应该提高各个行业人员的入职门槛，根据国家相关的政策规定以及每个行业的管理标准，对各个行业进行等级认证，将从业人员的素质水平和机构等级认证关联起来，鼓励在岗员工提高自己的学历、知识水平以及从业水平。要对在职人员进行不定期的考核，实行奖惩制度，鼓励在职员工工作的积极性。通过不同的渠道引进人才，不断地为整个行业的发展注入新鲜的血液。

### （六）不断改革提高市场服务水平

为了适应新时代的需求，我们需要根据市场发展的走势和要求，制定各个行业的服务标准，进一步增加完善服务的内容，不断地改进各个行业的作风建设，建立统一的人才信息体系，完善人才信息数据库建设，建立一个以云计算和大数据技术为基础的人才信息系统，改进人才求职招聘客户端，充实高校毕业生人才库和技能人才库。建立行业协会，定期举办人力资源行业交流会，将人力资源服务业发达地区的丰富经验传授给不发达地区的从业人员，从而促进整个行业服务水平的不断提高。

### （七）加强市场监管引导

随着我国社会经济体制改革的深入发展，我们需要强有力的人力资源的支持和高效的人力资源服务。在人力资源服务市场改革过程中，我们应引导人力资源服务企业诚信经营、规范经营。同时，要依法加强对人力资源市场的监管，实现对市场的全方位、多方位的管理，尽快建立和完善我国人力资源高、中、低端服务体系，为中国市场经济的顺利运行保驾护航。

### （八）营造良好的社会环境

首先，政府需要在全社会营造出良好的氛围，人人都能尊重人才、重视知识，促使用人单位能够逐渐摒弃传统的人才观念，使人才能够树立起良好的择业观念；其次，政府需要充分利用现代化的宣传方法，如网络、主流媒体等，逐步扩大人才资源市场的影响力，加大宣传力度，使社会各界都能逐渐开始关注人才资源市场的发展，能够进行良好的监督，这样才能规范人才资源市场的建设；最后，政府需要构建出系统且完善的社会支撑体系，实现统筹安排、科学规划，构建出一个具有统一性的保障体系，同时还需要重视户籍制度的优化和完善，避免在人才流动中出现户籍限制的情况。

### （九）注重法制化人才资源市场的建设

要想保证人才资源市场的顺利发展，那么就需要政府重视法制化建设，出台规范与人才资源市场相关的规章制度、法律法规，保证人力资源市场的发展始终保持规范性和有序性，保护好所有市场主体的合法权益。政府需要保证立法具有层次性，让所有的中介能够按照规章制度办事，最大程度避免市场中出现不当竞争的情况。

### （十）实现信息化的建设

在人才资源市场中，政府需要构建出一个良好的信息传递渠道，将企业、中介服务机构、个人以及政府联系起来，灵活利用信息技术和网络技术，真正实现信息、资源的共享，提供更加真实、可靠的信息。人力资源市场需要顺应时代发展的步伐，不断优化人才资源的数据库，帮助更多的人才找到适合自己的岗位。

### （十一）优化就业服务体系

政府需要构建出一个良好的就业服务体系，这样才能让人才顺利找到适合自己的岗位。政府需要保证公共就业体系的合理性，保证其具有较广的覆盖面，规划得足够科学与合理，制定切实可行的服务措施，最大程度提高服务的质量。

总而言之，我国的人力资源市场仍具有较大的发展空间，占据着至关重要的地位，但仍旧存在较多的问题与不足之处。要想切实提高人才的就业率，保证企业的健康发展，那么就需要政府能够努力营造良好的社会环境，实现人力资源市场的信息化建设、法制化建设，规范全体人员的行为，使人力资源市场能够实现可持续发展。

## 第二节　高校校园文化与大学生就业

高校校园文化是校园内特有的文化氛围和气息，对高校学生的行为和思想有着潜移默化的影响，很大程度上能影响大学生三观的形成，同时对大学生的道德修养以及人格修养都有提高的作用，而大学生作为 21 世纪的高素质人才，只有具备完善的人格修养和道德修养，才能够促使大学生以更好的姿态投入到社会主义建设当中，积极创业和就业，为国家的现代化建设贡献一份自己的力量。

## 一、校园文化建设与大学生就业的关系

部分大学生在就业时出现困难，也有部分企业反映大学生的就业能力与实际岗位不够匹配等问题，例如实际操作能力不足、处理不好人际关系等。为此，高校应及时地做好反思工作，研究问题的根源，主动从教育上、文化上、就业上对大学生的思想观念和行为进行引导。另外，通过营造良好的校园文化，发挥校园文化建设对大学生就业的重要作用。

### （一）大学生就业软实力与校园文化建设

在古代，软实力指的是蕴藏在文化和意识形态中的精神力量，这种力量对社会的发展有着重要的影响。

高校的软实力来自高校的综合校力，同时也是高校办学的综合实力的体现，一个校风良好、文化软实力强、校园文化建设突出的高校，在培育品德优良的学生上更具优势。作为人才培育基地，高校拥有着一流的学科专业、先进的校园文化、高效的运行机制和相对完善的教学管理，其在软实力方面的重视会对高校发展产生重要影响，因此建设一流的校园文化是高校软实力建设的综合体现。

大学生就业软实力指的是从就业角度出发，通过就业制度、就业思想等对大学生形成一种关于就业的文化机制。其可以对校园文化建设带来积极影响，潜移默化地影响着大学生的就业。大学生就业软实力的提升能提高毕业生和用人单位的职业匹配度，长期来看也能够吸引更多企业主动招聘。从大学生就业软实力出发来建设高校的校园文化，关键是要提升文化的自觉性，主动适应社会发展变化的潮流，文化建设与实际生活接轨，坚持与时俱进的理念，促进大学生就业软实力的提升。

大学校园肩负着文化育人、培养人才、创建和谐校园文化的重任，因此从大学生的就业软实力出发搞好校园文化建设，有利于大学生在校园中的成长、发展，同时也有助于大学生增强自身的就业能力，为学生谋求更好的发展出路，培育出更多同社会市场职业相匹配的人才，增加大学生的综合就业实力。

## （二）建设提升大学生就业软实力的校园文化的意义

### 1. 为社会培育动手能力强、就业素质高的人才

高校的主要任务之一是培养更多的实用型人才，提升大学生就业软实力，为他们今后的工作积累更多的经验。以往的高校校园文化建设上注重人文气息、科研创新、教学实践的引领，但是对学生的就业指导相对较少。

由于本身没有社会就业的经验，部分学生在学习生活中难免会走弯路，而通过校园文化的建设，激发学生对就业的了解，提高其就业软实力，进行就业培训、就业指导、就业实践等，让学生对自身的学习与未来的就业发展拥有一个更为全面的认识，能够增强学生对就业的理解，主动调整学习生活来适应未来的就业发展。同时，高校从提升大学生就业软实力出发，以就业为导向，以提升职业技能为基本要求，可以提升大学生的动手能力，再辅之以大学原本具备的教育资源和先进的教学设备，从而为社会培育出更多技能素质和就业素质都相对较强的人才。

### 2. 吸引更多用人单位来校招聘

大学生的就业软实力越强，表明学生的"质量"就越好，更受企业的欢迎，并且可以形成良好的口碑效应，吸引更多优秀企业来校为学生提供更多岗位。就业软实力提升的同时，高校校园通过院系和专业的特色，从就业角度来调整课程和实践，坚持教育与实践、就业相结合的方式，从教学内容的设定、学生能力的培养满足社会所需。不同的院系和专业通过对该专业未来就业发展的方向和趋势进行科学预测和引领，主动提高本院系、专业学生的就业素质，从而能够满足企业发展中的人才需求，吸引更多的优质企业"慕名而来"，从而更好地解决大学生"就业难"的问题。

### 3. 对学生产生潜移默化的推动作用

不同的文化氛围产生的影响不同，通过构建提升大学生就业软实力的高校校园文化，可以引导学生对就业的重视，并在校园范围内达成"专业—学习—就业"的良好就业理念，从而让学生意识到大学的校园学习是有目的性的学习，让他们有忧患意识，如果不具备专业的知识，就难以适应社会的发展，就业也相对困难。这样，学生将花费更多的时间和精力在提高自身知识技能上，学习也会更加用功，在不同的专业、班级之间形成良好的竞争力，从而在校园范围内营造良好的就业文化，对学生起到潜移默化的促进作用和带动作用。

### 4.有利于学生的职业发展

对大学生来说，从高中升入大学，不只是为了单纯的文化知识学习，更是为了将来能够有一个好的发展前景。但就大学人才培养机制来说，部分学生从高中繁忙的学业中转换到大学相对自由宽松的环境中，心理上容易产生懈怠，再加上部分教师和家长认为"上了大学就不会这么辛苦了，就会很轻松"的引导和误解，还有部分高校校园中对互联网的开放使用，部分大学生在校园内变得不爱学习、不爱上课，自我管理和自我约束能力较低的学生则进入了学业能力低下的状态，这种现象的存在对大学生未来的就业发展是非常不利的。而高校营造提升大学生就业软实力的校园文化氛围，能够让大学生在特定的文化影响下，对大学有一个全新的认识，并且时刻提醒自身要努力学习，并思考自身的就业方向，思考自己在大学学习中应提升和培养哪些职业发展应具备的能力，以便在未来找到一个好的工作，既能够实现自身的价值，同时也能够承担起社会责任。

## （三）提升大学生就业软实力的高校校园文化建设策略

### 1.建立完善的就业引导机制

就业不只是毕业生的事情，而是整个大学学习中应引起重视的。高校通过建立完善的就业引导机制，开设关于就业的讲座，组织学生参与讲座。例如，不同的院系可以就不同的专业来组织就业课程培训，让学生了解本专业培养的人才在社会岗位上需要具备哪些能力，不应将就业培训作为一项教育任务完成就结束了，关键要将专业的引导变得细化、具体化，这样才能够形成良好的就业氛围，同时增强学生的就业软实力。

高校想要营造提升大学生就业软实力的高校校园文化建设氛围，关键要转变学生对待学习与就业的认识，让学生所学专业同实际工作结合起来，从而让高校的学生从"象牙塔"走出来，更好地同社会所需接轨，明确大学学习的意义。

### 2.组织开展丰富的就业实践活动

提升大学生就业软实力，一方面要求大学生具备就业的意识，另一方面也要求大学生能够掌握就业所需的专业能力。为此，高校在校园文化建设方面应注重组织开展丰富的就业实践活动。高校应同企业建立良好的实习基地，创造更多的实践机会提供给学生，实践不应是毕业时的任务，更应让学生尽早了解，将所要学习的课程同实践结合起来，而不只停留在理论上。例如，在学习某一方面的理论知识时，教师可以从现实出发来提出问题，让学生去解决。

3.提高专业管理水平，增强对人才的培育

就业软实力体现在学生的就业能力和就业素质方面，所以营造以提升大学生就业软实力的高校校园文化氛围，需要各院系重视对专业人才的培养，提高教师的教学能力和教学水平。教师应该全方位、综合、多维度地培养学生，从多个角度实现学生的全面发展，注重对学生的素质教育，包括就业技能和就业素质方面的教育，满足企业岗位的要求。其次，还要注重培养学生的创新能力、学习能力和实践动手能力，才能够让学生在未来的企业中更好地发挥作用。在这种思想观念引导下的教学实践活动和教学课程改革，必然会推动高校校园文化的建设和发展。

4.提倡"学以致用"的价值观念

古代先贤们对于学习提出了"学以致用"的观点，提倡学习要为了能够用得上。学习本身是一项改造自身的实践活动，因此学习的知识应能够在现实生活中有所应用，这样的学习才是有意义的。知识的用处是多方面的，在学习的过程中要辩证看待，例如就业知识指导、人际关系管理，虽然不是与专业有关的课程，但是对学生的就业生涯能产生有益的影响。

面对当前大学生"质量"下降以及"就业难"的问题，高校应高度重视，研究问题，找出原因，然后从根源出发，及时采取有效的措施来解决问题。通过营造提升大学生就业软实力的校园文化氛围，充分发挥就业软实力的作用，推动大学生成长发展，让学生能够积极地对待大学学习生活，培养多种能力，从而在今后能够有更好的发展。

## 二、校园文化在大学生就业方面的积极意义

### （一）校园文化建设有利于学生提前适应职场环境

高校设有众多就业实训课程，具有相关设施与实验基地，可以通过教师的指导、学生间的交流了解各行各业行为处事的规范与规则，有利于提前让学生适应社会生活与职场环境。高校还应根据典型企业的组织建设框架，将实验训练场打造成为真正的模拟基地，让学生真实地认识到职场规则与需要注意的相关事项，有利于健康就业观与创业价值观的形成。

对于学生来说，学校是座象牙塔，约束性与惩罚观念相对较弱，如果高校不能开展相关活动让学生形成对职场残酷性的认识，将有可能导致学生步入社会后缺乏自觉性，出现纪律性不强的情况。因此，高校必须模仿企业的相对严谨、高度自觉的氛围构建校园文化，促进学生习得自觉遵守各项规章制度的纪律性。

## （二）校园文化建设有利于养成学生的就业能力

就业能力，顾名思义是与职业联系密切的综合适应能力。大学生的就业能力能够通过加入学生自治组织、参加校园文化活动、专业科学研究、社区志愿活动等多种手段养成，有利于大学生在校期间提高工作、学习、实践的能力，进而获得适应能力，乃至获得工作机会与晋升意识。校园文化建设对养成学生的就业能力的作用可归纳为以下三方面：第一，校园文化活动为学生展现自我技能、发挥自身所长提供展示的平台；第二，在校园文化氛围的影响下，有利于提高学生的心理健康与身体素质，对学生承担责任的意识、团队的协作精神等的养成具有现实意义；第三，校园文化建设能够增强学生的群体责任感，加入学生自治组织能够培养学生积极工作、爱岗敬业的精神，养成健康良好的职业道德理念。

## 三、构建就业创新型校园文化过程中的不足

### （一）制度机制保障工作不够健全

在现阶段高校的校园文化构建过程中，许多工作知识流于形式，文化的宣传进度也只是在动员、筹备阶段，真正成功创建举办的校园文化活动少之又少，缺乏一个健全完备的就业创新型校园文化构建目标，校党团方面也没有出台真正行之有效的管理制度与整体机制。校园文化的构建是一项耗时长且过程复杂的活动，需要全校上下全力支持，不可能一蹴而就。部分高校只是在形式上将创新教育、校园文化建设立为重点项目，却没有明确的制度保障，导致高校上下不够重视校园文化环境建设，校园文化的影响收效甚微。建立健全长效的制度保护支持机制是科学合理的推动手段。

### （二）教育意识的不足导致创新能力培养的缺失现阶段

部分高校重视建设营造校园文化中的学术氛围，忽视对大学生的品德修为与业余兴趣的培养，将除科研学术活动的一切教育活动归结于大学生业余文化活动开展，导致大学生创新能力培养的缺失。高校仅仅将校园文化建设局限于学术学术研究、道德修养教育方面，不利于学生德、智、体、美、劳全面发展。因为意识上的缺失，在组织活动时，组织者也比较容易忽视学生参与活动的感受与教育效果，由此带来过分追求活动规模、活动办得轰轰烈烈、却忽视了学生的具体需求与想法的结果。

### （三）高校人才的培养目标低于用人企业的所需

大学生就业创新能力是指大学生在校期间通过加入学生自治组织、参加校园文化活动、进行专业科学研究、投身社区志愿活动等多种手段形成的工作、学习、实践能力、适应能力和获得工作机会与晋升意识。当前，大学生对自身的就业创新能力评定值低于用人单位对大学生的就业创新能力的评定标准。用人单位看中的是大学毕业生的学习能力、创新意识、实践能力、适应能力等，但事实上大部分高校毕业生都达不到用人单位所需的就业创新能力的标准。

# 第三节　高校就业教育与校园文化的关系

校园文化在一定程度上影响着大学生就业的问题，校园文化对培养创新型人才以及进行就业教育具有很重要的作用。在高校在建设校园文化过程中，应重视高校就业教育，投入更多的人力和物力，开展与科技创新有关的课外活动，确保大学生能够适应社会的各种需求。

## 一、校园文化对高校就业教育的影响

### （一）校园文化关系到高校就业教育的质量

高校在进行就业教育时要引导学生树立正确的就业观、人生价值观。学生不能盲目择业，特别是确定就业方向时，不能好高骛远，一心想着在大城市工作，将高薪作为最终目标；应该结合自身专业和个人的兴趣爱好，选择与自身特点相符的工作，确定正确的职业发展方向。校园文化可展现出学校的精神风貌，是高校进行就业教育时的校园环境，因此要为学生营造一个积极务实的校园环境，这样才能让学生得到全面的发展。现如今，我国正致力于建设小康社会，全面实现现代化，这对学生来说是难能可贵的机会。学生应清楚人与人之间不存在高低之分，同样，工作也不论贵贱，只有选择合适的工作，才能实现自己的人生价值。校园文化应使学生清楚知道自己应履行的职责使命，哪些岗位适合自己，自己该去哪些地方。学生寻找工作时，应根据实际情况，争取在工作岗位上有所成就。

### （二）校园文化可拓展高校就业教育的手段

高校在进行就业教育时，应通过建设实训基地以及相关实验室，使学生清楚各行各业有着怎样的行为规范。学校可仿照企业的组织架构，将实验室、实训基地打造成与之相似的场景，确保学生能够了解职场中的相关事项，学习相应的行业规范，清楚职业的各项特征，进而树立自己的就业观。校园文化如果可以仿照企业规范，学生将会变得更加自觉，同时还能增强他们的纪律性。当然，企业文化难免存在一定的约束性，同时也具备一定的惩罚性。企业文化更多要求员工时刻保持严谨的工作态度并对其加以约束，这样才能提高他们的自觉性。一切对企业利益有损害的言行，均要接受惩罚，校园文化同样也是如此。它可以教会学生如何自律，引导他们自觉遵守相关制度。

### （三）校园文化帮助高校学生明确职业目标

高校是人才输送的集中地，是人成长发展的重要教育场所。高校就业教育能否取得良好的效果取决于高校校园文化氛围的好坏。高校校园文化氛围对学生成长、综合水平、就业发展具有潜移默化的作用，良好的校园文化环境可以帮助当代大学生树立正确的价值观念，提高专业水平，为今后就业奠定基础；反之，不良的校园文化环境将成为学生就业的绊脚石。由此可见，高校校园文化对学生就业的影响与价值意义。

大学阶段，学校的主要教育目标是为学生就业奠定基础，让学生通过 3 ~ 4 年的学习与实践获得专业技能；同时，找到自我、规划自我、成就自我，从而获得充实而多彩的大学生活，即使走出学校也能够在社会上实现自我价值，在职业生涯中不断地提升自己、更好地为社会服务。

#### 1.帮助学生明确职业目标

高校在进行就业教育时，可以通过问卷调查和职场案例分析等方法帮助学生找到自我包含职业能力、性格与职业匹配、兴趣分析、职业价值。另外，高校应该多举行就业相关的文化活动，学生积极主动融入到文化活动中，不仅可以找到兴趣喜好，经过总结、探究最终让自己职业喜好变得稳定，还可以提高学习水平，例如社交水平、创新意识、自我管理能力等。最为重要的是学生经过和他人的交流总结自己个性特点，从而选择适合的岗位；客观地认识到自己注重的是什么，找到职业价值，为今后发展奠定基础。因为正确的就业观念能够影响大学生一生的思想行为，树立正确的就业观念能让学生在人生的道路上找准职业定位，以更好地发挥自身价值。

#### 2.帮助学生融入社会

高校在就行就业教育时，除了要教给学生一定的理论基础知识外，学校也要组织多样的文化活动并对每个学生分配不同的角色、任务要求，让学生提前感受到真正的社会就业环境。学生参与到校园文化中不仅可以体验到怎样才能得到企业的认可，例如团结意识、创新精神、高专业水平等，了解到企业需要什么样的人才，还可以引导学生如何获取工作，例如利用招聘网站、网络媒体、报纸等途径，避免学生真正步入社会后"走弯路"。

## 二、提升校园文化建设是高校就业教育的一种途径

### （一）创新高校就业教育机制

高校就业教育主要是为了提高学生的社会适应能力，从教育本质出发，不断进行改革创新，增强学生的责任感，使其具备创新精神，同时培养他们的实践能力。高校可设立一个内部机构，安排能力比较强的人来负责管理。同时，教学部门以及管理部门积极配合该机构，确保机构的各项工作顺利开展，有效培养学生的就业能力。高校应根据学生当前的就业能力，开展相关培训教育，或邀请相关人员来校讲座，使学生全面了解创业、创新等理念，清楚自己存在哪些优势和哪些不足之处。当然，学生也应结合实际情况，寻找符合于自身的发展路径，同时拿出有效的方案，全身心投入到学习当中，不断学习更多知识，为就业打好基础。

### （二）学生应该全面认识社会

在进行就业教育时，高校应提前对大学生进行职业生涯的培训，使他们学会合理规划今后的职业生涯。大学生在设计职业目标时，应参考自己在校的各种表现，认真思考未来的发展方向，树立明确的职业目标，根据自身发展需求，制定可行的发展方案。建设校园文化过程中不断完善软、硬件设备，对教育教学体系进行深入改革，使学生拥有更广阔的发展空间，努力打造一个和谐校园，为学生搭建一个创新舞台，将校园文化传播给每个学生，确保学生实现全面发展。

### （三）构建创新气氛浓厚的校园文化环境

校园文化环境对于校园文化氛围的塑造起到了重要的影响作用，同时具有与教育一体化的导向性，有利于在全校范围内引导塑造出良好的文化气氛与潮流意识。校园文化的建设与大学生就业创新能力的培养是密切联系的。一种对创新能力培养有利的优质环境不仅包含了社会与高校为学生营造的物质与文化环境，还包含了高校为创新型人才培养构建的创新环境氛围。因此，高校必须加强构建创新气氛浓厚的校园文化环境。

高校努力提高文化建设能力的方式可归纳成四点：首先必须树立宣传教育

意识，无论规模多大的文化活动都必须坚持有效利用学校广播、展播、公众号、校报等媒介进行宣传，养成宣传创新的习惯。其次，高校需要定期邀请专业人士开展创新创业的知识讲座、专业领域学术报告会、毕业生创业指导交流活动，让学生在讲座参与中感受文化氛围，在学术交流、经验交流中增长知识。再次，校园文化艺术节、高雅艺术进校园活动的长期开展，能为学生提供展现自我的平台，接受优秀、高尚文化的熏陶，构建创新开放的校园环境。最后，高校开设创新创业奖学金能为创新人才提供成功创业的基础资金。

### （四）建立健全行之有效、目标明确的管理机制

校园文化活动的举办是校园文化建设最直接的展现，是加强大学生团结协作能力与精神、培养大学生大局意识、管理创新精神的主要手段，更是促进大学生们探索未知、不断创新的源泉与动力。现阶段，在教育部的倡议与指导下，各大院校都重视起了校园文化的建设工作，建立起了党委领导指导、团委部门参与、学生自治组织实施的校园文化构建体制机制。根据高校不同的文化构建培养目标实施不同层次与多形式的文化活动，有利于通过师生的共同参与，构建出积极向上、同心创业的文化环境，在彰显出办学理念的同时，培养出就业创新能力强的高素质人才。根据时代要求，我国高校构建创新型校园文化可从以下两方面下手：一是将创新型校园文化构建纳入学校整体文化运行机制中，并作为重点项目并入校园管理的三个层次，即党委总体规划和提出教育目标，校团委制定具体的组织培养方案，学生自治组织构想并举办具体活动完成培养目标。二是要构建能够充分体现高校办学特色与专业人才培养能力的校园文化活动。校园文化活动必须密切围绕创新创业类型形成有特色的活动内容与组织形式，突出具有高校文化特色的专业特点。

# 参 考 文 献

[1] 廖女男，等 . 高校校园文化的传承与创新 [M]. 成都：西南交通大学出版社，2012.

[2] 梁英，陈恕平 . 做生根的教育：高校校园文化创新项目培育探索 [M]. 北京：光明日报出版社，2015.

[3] 贾霄燕，等 . 高校校园文化建设探索 [M]. 石家庄：河北人民出版社，2015.

[4] 才忠喜，张东亮 . 校园文化理论与实践研究 [M]. 西安：西安交通大学出版社，2015.

[5] 王丹平 . 文化·力量：高校校园文化建设 [M]. 广州：华南理工大学出版社，2016.

[6] 常丹 . 基于校园文化建设的大学生社会主义核心价值观培育研究 [M]. 长春：吉林人民出版社，2016.

[7] 张冰 . 校园文化建设与大学生志愿精神培育实践 [M]. 上海：立信会计出版社，2017.

[8] 陈涛 . 行业特色校园文化建设探索：基于"双创"育人理念的思考与实践 [M]. 北京：光明日报出版社，2017.

[9] 赵军，甘华银 . "一核三维五元"校园文化育人模式初探 [M]. 北京：光明日报出版社，2017.

[10] 周国桥 . 高校校园文化建设管理研究 [M]. 天津：天津科学技术出版社，2018.

[11] 吕开东，张彬 . 高校学风建设与校园文化融合发展研究 [M]. 北京：光明日报出版社，2018.

[12] 李海红 . 校园文化建设理论探索与实践案例 [M]. 北京：光明日报出版社，2018.

[13] 王新华 . 契合与笃行：校园文化建设与大学生社会主义核心价值观实践教育研究 [M]. 秦皇岛：燕山大学出版社，2018.

[14] 冯刚，孙雷 . 新时代高校校园文化建设概论 [M]. 北京：光明日报出版社，2018.

[15] 张理华．高校图书馆与校园文化建设研究［M］.北京：台海出版社，2018.

[16] 代祖良．创新校园文化的途径与方法［M］.北京：光明日报出版社，2018.

[17] 秦慧媛．高校校报创新发展与校园文化宣传［M］.长春：吉林人民出版社，2019.

[18] 熊婉琴．大数据在高校校园文化建设中的应用［J］.中阿科技论坛（中英文），2020（08）：158-161.

[19] 张灵，刘萍．浅论我国高校校园文化建设中的校风建设［J］.中外企业家，2020（21）：157.

[20] 郭策，游舒颖，王苹．新媒体时代高校校园文化建设的机遇、困境与出路［J］.湖北经济学院学报（人文社会科学版），2020，17（07）：103-105+147.

[21] 李笑晗．高校校园文化育人功能探析［J］.边疆经济与文化，2020（07）：90-91.

[22] 侯檬檬．文化哲学视角的高校校园文化建设原则及路径［J］.现代交际，2020（15）：218-219.

[23] 张灵，刘萍．浅论我国高校校园文化建设中的校风建设［J］.中外企业家，2020（21）：157.

[24] 唐艳华．试论微信息时代的高校校园文化建设［J］.科技风，2020（21）：74-75.

[25] 刘伟钦．"互联网＋"时代高校校园文化建设研究［J］.电脑知识与技术，2020，16（20）：109-110.

[26] 王舒缘．新媒体视域下高校校园文化建设的实践途径研究［J］.中外企业文化，2020（07）：111-113.

[27] 刘伟，郑卫东．新时代背景下高校校园文化建设现状与对策探析：以上海高校为例［J］.中国农业教育，2020，21（03）：75-80.